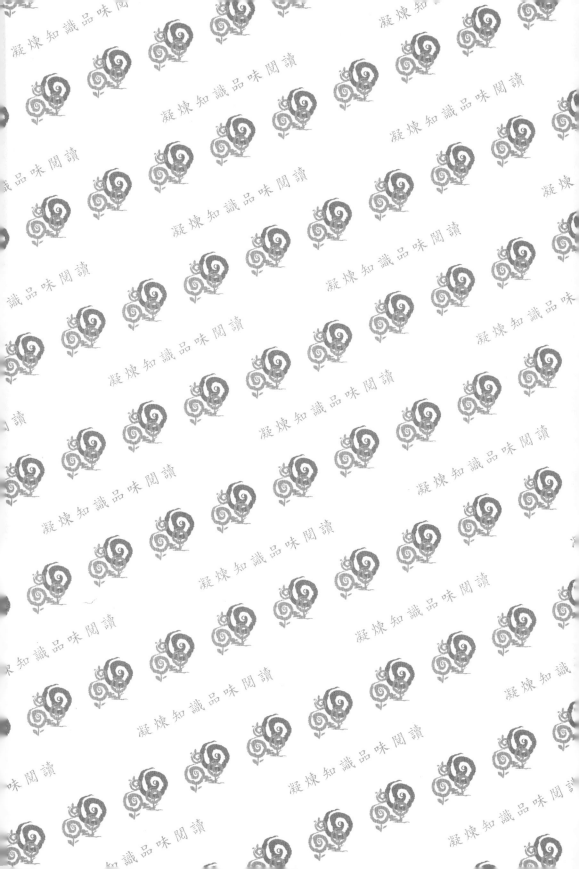

當代日本外交

李世暉、吳明上、楊鈞池、廖舜右、蔡東杰 ★ 著

　　本書以波斯灣戰爭為切入點，論述1990年迄今的日本外交。從整體的國際秩序來看，1990年的波斯灣戰爭是跨向後冷戰時代的重要事件；若從日本的外交來看，波斯灣戰爭也是戰後日本外交的重要轉折點。日本外交在波斯灣戰爭中，雖然遭到挫敗，但是其後的外交作為更為積極，對亞太地區的局勢，甚至對世界局勢的影響力更大。

　　時下受到廣泛注意的日本「正常國家化」的動態，也是肇始於波斯灣戰爭的外交挫敗。日本雖然提供120億美金的資金援助，相當於當年度防衛預算的30%，卻換來「太少又太慢」、「只出金錢、不流血汗」等批評，甚至連科威特在感謝各國的名單中也沒有日本，出現出錢不討好的狀況。日本在反省之下，掀起日本要成為「正常國家」（日文為「普通國家」）的呼聲。所謂的「正常國家」包含對外的積極外交作為（例如國際貢獻），以及對內的憲政體制改革（例如修改憲法、建立強而有力的領導核心）。安倍晉三首相推動的「積極和平主義」外交也是其中的一環。然而，日本在追求成為「正常國家」的過程中，引發國內外的諸多疑慮與爭端。

　　本書的架構分為「日本外交的轉變」與「外交政策的議題」等二部分，前者以政權輪替為軸，從波斯灣戰爭時期的海部俊樹政權，到第二次的安倍晉三政權，論述各時期的重要外交事件與外交政策的演變；後者以重要的外交政策議題為主，分別探討日本的外交戰略、聯合國外交、經濟外交，以及與周邊國家關於島嶼主權與歷史認識等外交爭論點。不論是從時間序列，或是從政策議題，期望能讓讀者瞭解日本外交的脈動與政策內涵。

　　本書之所以能夠誕生，源於中興大學國際政治研究所長蔡東杰教授的發起，

以及政治大學日本研究學位學程李世暉教授、國立高雄大學政治法律學系楊鈞池教授、中興大學國際政治研究所廖舜右教授等作者撥冗費心撰稿，更要感謝的是五南圖書出版股份有限公司法政編輯室的細心編輯，方使本書得以問世。期待本書除了能夠帶領讀者瞭解當代日本外交外，也能夠激發讀者進一步思考當代的國際局勢與我國外交發展的相關議題。

吳明上

代表序

2015年12月1日

目　錄

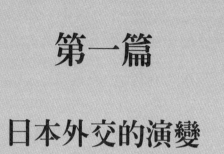

第一篇

日本外交的演變

第一章 緒論：如何理解日本的外交政策

吳明上

學習目標

一、分析戰後日本外交的基本路線。
二、說明世界各國想要理解日本的狀況。
三、探討我國與日本在經貿往來與人員交流的密切狀況。
四、說明爲何需要理解日本。

第一節　日本外交的基本路線

　　戰後的日本外交政策有基本路線可尋，可作爲理解日本外交的架構。第二次世界大戰後，不論是冷戰時代，或是後冷戰時代，日本的外交主軸有二：一爲「親美派」，二爲「亞洲派」。

　　所謂的「親美派」是指，日本在國家安全保障的考量前提下，必須保持與美國的友好關係；換言之，在蘇聯、中國、北韓的軍事威脅下，日本的外交政策應該以美日安全保障體制爲基礎，不應脫離美國亞太政策的架構，亦即所謂的「對美追隨外交」。例如，冷戰時代，吉田茂政權建構的「吉田主義」便是典型的例子，深深地影響日本的外交政策。所謂的「吉田主義」是指，日本抑制軍備的擴張，國家的安全保障依賴美國的保護，而將大部分的國家能量投入經濟發展與技術開發，引導了日本經濟的高度成長。後冷戰時代，小泉純一郎政權全力支持美國的反恐戰爭，迅速地制定〈反恐特別措施法〉，以利自衛隊對參加反恐戰爭的美國及其盟軍實施海上加油、物資運補以及協助情報蒐集等任務。

　　「亞洲派」則是主張日本在外交政策上，應該要與美國保持距離，同時應該要與亞洲鄰國保持友好的合作關係，畢竟日本位居亞洲，並與東亞國家有著密切的

經貿往來，而且在地緣政治上也最符合日本的國家利益。「亞洲派」主張擺脫「對美追隨」或「美國中心主義」的外交，在某種程度上，具有追求獨立自主外交的意義。日本追求獨立自主的外交路線方面，例如，冷戰時代，日本首相鳩山一郎提出「自主外交」，並於1956年與蘇聯恢復外交關係；又例如岸信介首相提出「外交三原則」，亦即「以聯合國為中心、與自由主義各國協調、堅持作為亞洲的一員」，推動重視亞洲的外交政策。岸信介首相上台後率先訪問東南亞國家，提出「東南亞開發基金構想」，突顯日本重視東南亞的關係，岸信介的作為與以往的首相均先行訪問美國並強調美日關係的重要性大異其趣。後冷戰時代，例如民主黨政權的鳩山由紀夫首相提出「東亞共同體」的構想，便是對以往自民黨政權的「美國中心主義外交」的反省。

不論是冷戰時代，或是後冷戰時代，日本的外交都是在「親美派」與「亞洲派」之間擺盪，而基於日本國內的政經體制與美國主導的國際政治秩序，「親美派」的主張普遍優於「亞洲派」的聲音。雖然如此，冷戰結束後，日本的外交出現以下二點不同：

第一是日本經濟力量的衰退。第二次世界大戰結束後，日本的經濟受惠於韓戰的特需，經濟開始起飛，1953年恢復到戰前的水準；1955年到1972年出現每年成長率都超過10%的飛躍性成長，日本的GNP（Gross National Product，國民生產毛額）於1968年更超越西德，成為世界第二大經濟國。日本經濟的高度成長被詹遜（Chalmers Johnson）譽為「日本的奇蹟」（Japanese Miracle）。雖然在石油危機的衝擊下，1973年首度出現負成長，但是隨之便進入經濟的穩定成長期，在1980年代後期的「泡沫經濟」（Bubble Economy）效應下，日本的經濟出現極致的發展。

隨著戰後的經濟成長，日本在國際舞台的角色也越來越活躍。日本於1952年4月28日〈舊金山和約〉生效後，恢復獨立的地位，接著於1956年成功地加盟聯合國，正式加入國際社會，而且於1958年立即被票選為聯合國非常任理事國。從1958年迄今（2015年），日本總計被票選為非常任理事國總計10次，因每屆任期二年，故總計擔任非常任理事國有二十年。日本是除了安全理事會的常任理事國外，擔任理事國時間的長度僅次於巴西的國家。日本於1975年加入「六大工業國組織」（G6），「六大工業國組織」因翌年加拿大的加入改為「七大工業國組織」（G7），透過主要工業國家的經濟政策與貨幣政策的協調，建構新的世界經濟秩

序。日本也是對外援助（ODA）大國，日本的援助額度於1989年超越美國，成爲世界最大的提供國。

但是，冷戰結束後，特別是1990年波斯灣戰爭爆發後，日本的經濟因泡沫經濟破滅，陷入了長期的不景氣。日本經濟的長期不景氣被喻爲「消失的二十年」（失われた二十年）、「平成大蕭條」。日本在經濟不景氣的狀況下，又面臨著中國經濟力量的崛起（例如中國主導「亞洲基礎建設投資銀行」的成立），以及區域經濟整合的潮流，日本如何因應國際經濟秩序的變化，成爲重要的外交課題。

第二是日本在防衛事務上更爲積極。冷戰時代，在美蘇冷戰的結構下，日本在安全保障上依賴美國的保護。不論是1951年的美日安全保障條約，或是1960年改訂的（新）美日安全保障條約，都有駐日美軍協助日本對付外來軍事攻擊的功能。美日兩國於1978年簽訂的〈美日防衛合作指南〉（日米防衛協力のための指針），規定美日兩國在防衛合作上的角色分攤，並進行美日共同作戰的研究，但是日本仍處於消極的角色。

冷戰結束後，日本在防衛事務上的角色轉爲積極。美日兩國透過1996年4月的高峰會，發表美日安全保障共同宣言，將美日安全保障機制的守備範圍從以往的遠東地區，擴大到亞太地區（美日安全保障的「再定義」）。緊接著，美日兩國於1997年改訂〈美日防衛合作指南〉，提升美日兩國的相互支援，以及日本對美軍後方支援的效率，強化安全保障機制的可信度；日本政府更於1999年通過〈周邊事態法案〉，規定日本有受到武力攻擊危險之際，美日兩國之間的具體合作關係，提升了美日安全保障機制的實效性。除了亞太地區的安全事務外，日本政府也通過〈PKO法案〉（1992年）、〈反恐特別措施法〉（2001年）、〈海盜對策法案〉（2009年）等，有助於維護國際社會全體的安全保障環境。

更值得一提的是，安倍首相於2012年再度上台後，推動「積極的和平主義」，從以往「不做壞事」的消極態度，改變爲做出貢獻的積極態度。例如，安倍晉三首相於2014年7月1日，透過內閣會議決議變更日本政府對憲法的解釋，容許日本行使「限定的集體自衛權」，致力於將美日安全保障條約從「片面性義務」，轉變爲「雙向性義務」的性質，換言之，日本亦得以協助受到攻擊的美軍排除武力威脅。

然而，日本在防衛事務上的積極作爲，引發周邊國家的疑慮，加上日本與周邊

國家的參拜靖國神社問題與歷史認識問題，以及日中兩國的釣魚台主權紛爭與東海油田問題、日韓兩國的竹島（韓國稱爲獨島）主權紛爭等問題，日本外交在後冷戰時代仍然存在諸多不安定的因素。

不論如何，日本在亞太地區，甚或世界舞台所扮演的角色越來越活躍，也越來越重要，理解日本也成爲重要的課題。

第二節　瞭解日本的需求

根據國際交流基金對「日本語教育機關調查」（2012年度）的調查顯示，從開始展開調查的1979年，到最近一次調查的2012年的期間，全世界日本語教育機構的總數從1,145個變爲16,046個，增加了14倍；日本語教師的人數則從4,097人成長爲63,805人，增加了15.6倍；而學習日本語的人數從127,167人增長爲3,985,669名，增加了31.3倍。而且，學習日本語的理由中，「對日本語有興趣」、「想要利用日本語進行溝通」、「對日本的動漫、漫畫、流行音樂有興趣」、「對日本的歷史、文學有興趣」等四個理由名列前茅，「知識層面」的理由明顯高於就業需要等實際利益的理由。若語言的學習可顯示出對該國的了理解意圖，則從國際交流基金的統計資料足以顯示，想要理解日本的現象越來越普遍。

我國也必須理解日本，理由至少有三：首先，第二次世界大戰後，日本從美國軍事占領、政經體制百廢待舉的狀態，迅速成長爲不論是在政治、經濟，或是在防衛事務上，都是亞太地區以及全球事務上的重要國家。日本的外交政策與外交戰略是逆勢成長的成功關鍵。日本與我國同樣是海島型國家，也同樣是貿易立國的國家，周邊也存在著安全的威脅，日本的外交經驗與智慧值得我國作爲借鏡。

其次，日本在亞太防衛事務上扮演重要角色。隨著1980年代經濟改革帶來的成果，中國的軍事力量大幅成長。中國在軍事力量的成長下，逐漸重視海洋權益，極力發展海空軍戰力。美日安全保障體制是維持亞太地區的安全與和平的重要機制，然而隨著美國力量的相對性衰退，爲了維持美日安全保障機制的有效性，日本逐漸加重在防衛事務上的角色。換言之，日本在防衛事務上角色的變化，牽動著包含台海兩岸在內的亞太地區安全保障的環境。

　　再者，在經貿交流與人員往來方面，日本也是我國的重要外交夥伴。如眾所周知的，台日雙方除了經貿關係外，民間的友誼也相當密切。首先，根據我國經濟部國際貿易局的統計資料顯示，就貿易總額來看，日本在去年（2014年）度是我國的第三大貿易國，僅次於中國大陸與美國；日本同時也是我國的第五大進口國、第一大出口國。而我國也是日本的第五大貿易夥伴。假若時間拉長一點，就近十年累積的貿易總額而言，日本是我國的第二大貿易國，同時也是第四大出口國，以及第一大進口國。其次，台日雙方人員的往來也相當密切。台灣的旅日人數於2004年突破100萬人，2013年再度攀升突破200萬人，2014年的旅日人數為282萬人，創下歷史的紀錄。而日本人的旅台人數方面，2005年突破100萬人，2014年為163萬人。

　　雖然誠如上述，台日關係相當密切，但是，日本研究在我國一直受到冷落。就筆者的經驗而言，既往的學術研討會甚少以日本的政治、經濟、社會等相關議題為大會主題，大都偏居研討會的某個組別（panel）。直到2008年政權輪替後，我國鑑於日本地位的提升，以及台日關係的密切性與重要性，特別將台日關係定位為「特別夥伴關係」，外交部更將2009年視為「台日特別夥伴關係促進年」，全面推動台日間在經貿、文化、青少年、觀光及對話等面向的合作與交流。在我國的重視與推動下，日本政府也有相對應的回應，台日雙方在各面向的交流蓬勃發展。在此背景下，日本研究也逐漸受到重視，不僅台灣北、中、南部的大學紛紛設立日本研究中心，以日本的政治、經濟、社會等相關議題為大會主題的學術研討會也陸續舉辦，日本研究逐漸興盛。

　　雖然如此，吾人卻發現，坊間竟無有關日本外交的教科書，可作為大專院校學生理解日本的入門書籍。本書的執筆者們為了彌補此項遺憾，遂籌劃本書的出版，以協助新一代的年輕學子能夠瞭解日本的外交。

第三節　本書的章節安排

　　外交政策具有歷史與邏輯的延續性，但是受限於篇幅，以及為了能對戰後日本的外交政策與外交戰略更聚焦，以利分析當前的外交局勢，故本書鎖定從1990年開始的外交政策。以1990年作為本書論述的開始，有一個重要的理由，亦即1990年是戰後日本外交轉變的關鍵時間點。1990年爆發了波斯灣戰爭，波斯灣戰爭是從冷

戰時期，跨入後冷戰時期的指標性戰爭，也是被視爲日本的保護國美國所主導的戰爭，而日本的外交在波斯灣戰爭中卻是挫敗的。日本政府爲了記取教訓，思考「後冷戰時代」的外交政策。

而且，不論是日本國內政局，或國際情勢方面，1990年也是進入新時代的重要時間點。首先，關於日本國內政局方面：1990年的前一年，亦即1989年1月17日日本昭和天皇去世，日本進入了「平成」時代；同年6月，日本自民黨的竹下登政權因「瑞克魯特事件」的金錢醜聞下台，導致自民黨政權失去選民支持的根基，不僅造成1955年以來的自民黨單獨政權產生動搖，也對1955年以來的自民黨外交產生影響。其次，國際情勢方面：1989年11月象徵冷戰地標的柏林圍牆倒塌，東西德統一；東歐於1989年開始了民主化浪潮，最後導致蘇聯於1991年解體，國際政治的權力出現結構性的改變。

本書爲了兼顧外交的歷史延續性與外交的重要政策議題，在章節安排上分爲二部分：前半部爲「日本外交的演變」，後半部爲「外交政策的議題」。前者以政權的更替爲時間軸，依照時間序從海部俊樹政權到安倍晉三政權，論述各時期的重要外交事件與外交政策的演變，並將前後期外交政策相近的政權納入同一章，以期勾勒出1990年以後日本外交的脈絡。後者則是以重要的外交政策議題爲主，分別探討綜合安全保障外交、聯合國外交、先進國外交、援助外交、亞洲經濟整合外交、台日關係，以及島嶼主權與歷史認識的外交爭論點，以期讀者能對日本外交的議題能有更深入的理解。

重要名詞解釋

吉田茂：1878年～1967年，戰後日本的著名首相。出生於東京。出身外務省官僚，擔任日本第45任、第48任、第49任、第50任、第51任的首相。首相任職期間長達2616日，在戰後首相中僅次於佐藤榮作的2798日。吉田茂任職期間，頒布〈日本國憲法〉、簽訂〈美日講和條約〉、簽訂〈美日安全保障條約等〉。

鳩山一郎：1883年～1959年，戰後日本第52任、第53任、第54任首相。自由民主黨（簡稱自民黨）創黨的第一任總裁。任職首相期間，與蘇聯恢復邦交。自民主黨於2009年執政時的首相鳩山由紀夫是其孫子。

岸信介：1896年～1987年，戰後日本第56任、第57任首相。戰後曾以甲級戰犯被逮捕，

監禁於東京鴨巢監獄，後無罪釋放。外交上主張對美自主外交，改定〈美日安全保障條約〉，改定過程中發生安保反對運動。

國際交流基金：國際交流基金（the Japan Foundation）是日本推動全面性文化交流的唯一專門機關。設立於1972年，原爲外務省所管的特殊法人，2003年10月改爲獨立行政法人。推動的主要事業有文化藝術交流、日本語教育、日本研究與知識性的交流。

昭和：日本昭和天皇在位期間使用的年號。使用時間從1926年12月25日到1989年1月7日，共計約62年又13天，是日本各年號之中使用最長的年號。昭和出自中國典籍《堯典》的「百姓昭明，協和萬邦」，但是昭和期間卻發生日本軍國主義對外侵略的行爲。

平成：1989年1月7日昭和天皇去世，翌日皇太子明仁即位，同日改元爲「平成」，使用至今。平成出自於中國典籍《史記·五帝本紀》中的「父義，母慈，兄友，弟恭，子孝，內平外成。」以及《尚書·大禹謨》之中的「俞！地平天成，六府三事允治，萬世永賴，時乃功」，取其「內外、天地能夠平和」的意思。

問題與討論

一、何謂日本外交路線的「親美派」？並舉例說明之。
二、何謂日本外交路線的「亞洲派」，並舉例說明之。
三、冷戰前後，日本的經濟力量有何變化？
四、冷戰前後，日本在防衛事務上的角色有何變化？
五、我國爲何需要理解日本？

參考閱讀書目

柳淳（2014）。《外交入門：国際社会の作法と思考》。東京：時事通信社。

入江昭（1991）。《新・日本の外交：地球化時代の日本の選択》。東京：中央公論新社。

井上壽一（2014）。《日本外交史講義 新版》。東京：岩波書店。

添谷芳秀（2005）。《日本のミドルパワー外交：戦後日本の選択と構想》。東京：筑摩書房。

草野厚（2010）。《ODAの現場で考えたこと：日本外交の現在と未来》。東京：日本

放送出版協会。

吉見俊哉著、邱振瑞譯（2013）。《親美與反美：戰後日本的政治無意識》。台北：學
　　群出版社。

蔡增家（2005）。〈日本與東協關係的轉變〉，《問題與研究》，第44卷，第2期，頁
　　103-129。

吳明上

學習目標

一、瞭解波斯灣戰爭與後冷戰時代的關係。

二、分析日本在波斯灣危機中的外交政策。

三、說明日本提供130億美金的資金援助，爲何美國仍然不滿意而提出批判。

四、探討何謂「日本異質論」（Japan Revisionism）。

第一節　波斯灣戰爭

一、波斯灣戰爭的爆發

　　波斯灣戰爭是後冷戰時代，美國首次參與的戰爭，雖然戰爭地點在中東的局部地區，但是對日本的外交卻造成極大的衝擊。

　　所謂的波斯灣戰爭是指1990年8月2日到1991年2月28日期間，以美國爲首的聯合國多國籍軍隊與伊拉克之間的戰爭，爆發的原因是伊拉克軍隊入侵科威特所引起。伊拉克在擊敗科威特軍隊後，於同月8日宣布併吞科威特。美國總統布希（George H. W. Bush）爲了確保中東的利益以及西方同盟國的石油來源，於8月5日宣布不會容忍伊拉克的侵略行爲。緊接著，美國國防部長錢尼（Richard Bruce Cheney）於8月7日前往沙烏地阿拉伯，進一步承諾提供防衛的協助，制止伊拉克進一步向沙烏地阿拉伯擴張。

　　伊拉克的侵略行爲明顯地違反了維持國際和平的〈聯合國憲章〉之精神，因此聯合國安全理事會在伊拉克入侵科威特後，通過一系列的決議案，對伊拉克實施

制裁。其中包含8月2日通過〈第660號決議案〉，譴責伊拉克入侵科威特的行為，要求伊拉克立即無條件撤軍，恢復科威特的主權、獨立與領土的完整；8月6日通過〈第661號決議案〉，決議對伊拉克進行強制性經濟制裁與武器禁運；11月29日通過〈第678號決議案〉，要求伊拉克必須於1991年1月15日前，完全遵守安理會的〈第660號決議案〉以及其後的相關決議案，若伊拉克於期限內未遵守安理會相關決議時，授權會員國使用一切必要手段，維護與執行安理會的相關決議，恢復波斯灣地區的和平與安全。因為伊拉克完全不理會安理會的相關決議，所以安理會〈第678號決議案〉成為美國組織多國籍軍隊的法律依據。值得注意的是，安理會〈第678號決議案〉付諸表決時，安理會常任理事國的美國、英國、法國、蘇聯投下贊成票，而中國棄權。中國雖未行使否決權加以「反對」，但其「不支持」的行為，不僅引發美國的不悅，更讓美國對於崛起中的中國增添警戒心。

在美國的積極主導下，由29國組成的多國籍軍隊，於安理會〈第678號決議案〉的期限過後，亦即於1991年1月17日巴格達時間凌晨2點40分，開始對伊拉克軍隊發動軍事行動，其中包含耳熟能詳的「沙漠風暴行動」（Operation Desert Stormy）。波斯灣戰爭在多國籍軍隊的優勢軍備下，於2月26日收復科威特，同月28日伊拉克的抵抗全面潰敗，美國總統布希宣布停火。

第二節　美日外交關係的試鍊

一、美國對日本的要求

「波斯灣危機」爆發後，日本在外交上立即做出回應。首先是日本首相海部俊樹為了因應波斯灣的變局，取消原訂8月份訪問中東的行程，委由中山太郎外務大臣於8月17日前往沙烏地阿拉伯、阿曼、約旦、埃及、土耳其等五國訪問。首相與外務大臣於10月則再度分別出訪中東。日本政府藉由伊拉克周邊國家的訪問，確認雙方對於解決「波斯灣危機」的立場一致。其次，日本政府也透過聯合國總會以及聯合國安全理事會常任理事國等主要國家協商，期望能夠和平解決「波斯灣危機」。

　　再者，日本政府更於伊拉克入侵科威特後，立即保護國內的科威特資產，並譴責伊拉克的侵略行為。日本政府更於8月5日決定對伊拉克採取經濟制裁，制裁措施包含：禁止從伊拉克及科威特進口石油、禁止對該兩國出口、採取適當的措施停止對該兩國投資、融資及其他的資本交易，以及凍結對伊拉克的經濟合作。翌日，聯合國安理會也通過伊拉克經濟制裁的〈第661號決議案〉。

　　波斯灣戰爭爆發後的第十二天，亦即1990年8月14日的上午7點50分左右，東京永田町的日本首相官邸接到美國總統布希的來電，希望日本能夠派遣自衛隊。根據當時外務省的紀錄顯示，布希總統在電話中表示：「波斯灣危機是第二次世界大戰以來國際政治的分水嶺。日本展現出保證維護西方陣營共同利益的訊息，如果能夠派出掃雷艇或海上加油艦，會是很好的展現。讓世界知道日本完全支持美國是重要的」。海部首相表示：「日本將會盡可能地做出貢獻。但是軍事上，礙於憲法的規定、國會的議論以及國家的基本方針，自衛隊的派遣恐不容易。」

　　海部首相對派遣自衛隊的消極態度自有日本的理由。日本國憲法第9條規定，日本不得以武力行使做為解決國際紛爭的手段，而且，自衛隊成立以來，日本秉持「專守防衛」的原則，未曾派遣自衛隊到日本國境以外的地區。換言之，從日本國憲法以及日本防衛政策的基本原則來看，派遣自衛隊前往中東地區自有難處。但是，從美國的立場而言，為了盡快建立對伊拉克的包圍網，極需同盟國的協助，日本既然是美國的同盟國，更何況中東的石油是日本經濟的命脈，日本輸入的原油中，高達85%以上的石油來自中東地區；因此，當中東的石油資源受到威脅時，日本當然不能置身事外。日本的海上掃雷設備與技術優良，所以美國希望日本能夠派出掃雷艇協助維護美國盟軍的海上安全。

　　隨著波斯灣緊張局勢的升溫，美國為了預防伊拉克進一步攻擊沙烏地阿拉伯，美軍立即投入波斯灣地區佈防，而且儘速展開多國籍軍隊的建立。因為短時間大量軍隊進駐波斯灣地區，後勤補給成為當務之急，所以美國要求日本能夠在運輸、戰略物資、醫療方面提供協助。

　　既然日本政府無法派出自衛隊，所以轉向民間業者尋求協助，例如向日本航空、全日空，以及海運公司採取包機、包船方式運補，但是日本機師工會、船員工會以不進入危險地區為由而拒絕。日本政府只得轉而請美國民間航空業者「長榮國際航空」（Evergreen International Airlines）協助。如果由日本國籍的飛機與貨輪運

補，能讓世界看到日本對波斯灣的貢獻，日本失去一次良機。日本以波斯灣地區有戰爭的危險而拒絕執行運輸的任務，但是同時卻看到日本的油輪一艘艘地進入波斯灣地區將石油運往日本，日本的作為引發美國強烈的不滿。

二、日本的回應

面臨美國的不滿，日本政府採取二個措施作為回應：一是提供資金的援助，二是透過立法程序使自衛隊的派遣合法化。

(一)資金援助的提供

關於提供資金援助方面。除了美國總統親自致電關切外，美國財政部長布萊迪（Nicholas Brady）也特地請日本提供資金協助。日本政府在大藏省的評估後，於8月29日決定提供10億美金，做為協助運輸、物資、醫療、資金等方面的資源。而當海部首相致電布希總統說明資金金額時，原本熱情的布希總統卻以冷淡的語氣道謝，顯示出對金額額度的不滿意。

美國國會對於日本政府的遲緩作為展開批判，甚至美國參議院於9月12提出決議案，要求日本政府全額負擔駐日美軍的費用，若是日本拒絕，則美軍將階段性地撤離日本本土。面對美國的強硬態度，日本政府於9月14日追加10億美金的資金援助，以及向波斯灣紛爭周邊三國（土耳其、約旦、埃及）提供20億美金的經濟援助。當多國籍軍隊於1991年1月17日採取軍事行動後，海部政權考量局勢需要以及日本在國際地位等各種因素後，於1月25日的內閣會議決定再追加90億美金的資金援助。

若從經費面來看，波斯灣戰爭總經費大約610億美金，而日本政府總計提供了130億美金的資金援助，約占總經費的五分之一；而且，西方陣營中，除了直接受到多國籍軍隊保護的科威特與沙烏地阿拉伯外，日本提供的資金援助最多。雖然如此，日本還是受到美國的譴責。從提供資金的過程來看，日本政府是在美國的壓力或威脅下，才提供或陸續追加資金，呈現出日本的被動與消極的態度。而且，對於資金的支付方式，日本與美國也發生爭執，讓美國對日本的態度更加不滿。例如，日本提供90億美金資金援助時，雖然日本的大藏大臣橋本龍太郎與美國財政長布萊

迪對於金額規模沒有異議，但是對於如何支付卻產生歧見。日方希望以日圓計價支付，而美方則要求以美金計價支付，經過一番爭執後，最後日方向美方妥協，結果日本政府在籌措90億美金過程中，因為日幣貶值的關係，追加了5億美金做為補足美金支付的不足款項。日本提供資金援助過程的遲緩與消極，引發美國對日本提出「too little, too late」的批判。

(二)法制化的挫折

其次，關於派遣自衛隊的法制化方面。雖然美國在建立伊拉克包圍網時，希望日本善盡同盟國的義務，能夠派遣自衛隊提供協助，例如協助運輸物資、海上加油等後勤補給任務。但是，日本從戰後迄今（1990年），未曾派遣自衛隊前往海外執行任務，更重要的是，派遣自衛隊前往海外恐有違憲的疑慮。日本國憲法第9條第2項規定：「（日本永久）放棄以武力威嚇或武力行使做為解決國際紛爭的手段。」因此，派遣自衛隊前往波斯灣地區，協助美國建立伊拉克包圍網，顯然有違憲法規定。再者，參議院於1954年6月2日已經做出〈關於自衛隊海外出動的決議〉，明白表示：「本院於自衛隊創設之際，遵照現行憲法的條文規章，以及我國民熱愛和平的精神，不進行海外出動」，亦即日本不得將自衛隊派遣到海外執行任務。因此，日本政府無法立即回應美國的要求。

海部首相於9月28日至10月1日前往美國參加聯合國世界兒童高峰會，並與美國總統布希舉行高峰會談。海部首相訪美期間，美國強力地要求日本提供以下協助：能夠增加駐日美軍經費、對派遣到沙烏地阿拉伯的多國籍軍隊提供財政資源、運輸的人力資源、運輸用車輛以及醫藥品的支援，以及對中東各國的援助等。海部首相感受到壓力，因為不僅以美國為首的西方先進各國，就連昔日宿敵的蘇聯也提供軍事上的協助；而且，美國更覺悟到會犧牲軍人的生命而派遣軍隊，且其費用每個月高達10億美金。日本身為經濟大國，而且依賴中東的石油，因此日本必須做出更多的貢獻。

海部首相回國後，便持續推動「人員的貢獻」的法制化工作，並於1990年10月16日的內閣會議通過〈協助聯合國和平維持活動法案〉（Act concerning Cooperation for United Nations Peacekeeping Operations）後，提交國會審議（第119屆臨時國會）。但是，對於自衛隊的海外派遣，不僅自民黨內部意見不一，朝野也出現嚴重的對立，導致同年11月8日因無法達成共識，最後因審議不及而成為廢

案。爲何PKO法案會成爲廢案呢？主要原因有三：

　　首先是海部政權的根基不穩固。自民黨從1955年創黨以來，向來由派閥領袖擔任自民黨總裁暨首相。派閥領袖爲資深的政治家，不僅政治手腕優，而且政官人脈豐沛，能夠順利掌理黨政事務。但是，海部俊樹當選自民黨總裁與首相時，雖然是河本派的成員，但是不是首領（領袖爲河本敏夫），而且河本派在自民黨內部是小派閥。既然如此，爲何海部俊樹會成爲自民黨總裁暨首相呢？主要原因是1988年日本政界爆發被稱爲「政界總污染」的「瑞克魯特事件」。該事件導致當時的竹下登首相下台，而繼任的宇野宗佑則因涉及緋聞，就任僅六十九天便下台。一連串的事件對自民黨造成重創，自民黨需要一位清新的領導者，海部俊樹遂成爲眾望所歸的人物。海部首相上任後，爲使自民黨氣象一新，進行黨政人事布局時，優先任用未涉及弊案的政治家，引發黨內資深政治家的不滿。

　　其次是與小澤一郎的對立。小澤一郎擔任自民黨幹事長，是自民黨的第二號人物。小澤一郎認爲派遣自衛隊參與多國籍軍隊並未違反憲法的精神，所以主張若是派遣自衛隊，則必須以自衛隊的身分前往。然而，海部俊樹是一位和平主義者，當時的想法是組成國際志工或海外青年協力隊的方式參與，並非以政府組織的形式參與。換言之，海部首相一開始不考慮派遣自衛隊。但是，既然是國際紛爭地區，特別是可能爆發戰爭的地區，未受過軍事訓練的人員是不適合的。因此海部首相改變想法，主張自衛隊隊員須辭去自衛隊的身分，改以總理府事務官的身分前往，避免直接軍事人員的派遣。自民黨內部總裁與幹事長意見對立，未能達成共識。

　　最後是「分立國會」的窘境。自民黨在一連串的醜聞下，於1989年7月第的15屆參議院議員選舉中，首次失去創黨以來在參議院過半數的優勢。日本是採用「二院制」的國家，政策法案必須經過眾議院與參議院的同意才能成案，自民黨面臨「分立國會」的窘境。對於PKO法案，在野黨，特別是社會黨、日本共產黨、社會民主聯合等堅決反對自衛隊的海外派遣，朝野之間形成嚴重的對立。

　　PKO法案雖然最後成爲廢案，但是在立法過程中，日本在後冷戰時代能做何種貢獻之議題，開始受到廣泛的注意與討論。就在PKO法案成爲廢案的隔天，自民黨、公明黨、民社黨等三黨簽署〈關於國際和平協力的同意備忘錄〉，達成以下六點共識：一是堅持日本國憲法的和平原則，貫徹聯合國中心主義的外交；二是不僅資金或物資的協力，人員的協力也是必須的；三是自衛隊之外，組成其他聯合國

維和活動的組織；四是協助基於聯合國決議的人道救援活動；五是進行災害救援活動；六是上述事項儘速完成立法。

基於上述的備忘錄，自民、公明、民社等三黨再次於1991年夏天向國會提出〈聯合國維和活動協力法案〉，經過二次的繼續審議，終於在1991年12月3日通過眾議院的審議，參議院也於1992年6月8日通過修正案之下，同年6月15日眾議院院會通過參議院的修正案，該法案正式成立。該法案規範了自衛隊參加聯合國維和活動的五個原則：一是紛爭當事國已經達成停戰協議；二是聯合國維和活動地區的管轄國，包含紛爭當事國必須同意聯合國的維和活動，以及同意日本的參加；三是嚴守中立的立場；四是若是無法達成上述基本方針，日本得撤回派出的維和部隊；五是武器的使用必須限定在維持人員生命防護的必要最小限度內。

日本政府依據通過的PKO法案，於1992年9月派遣600名工兵大隊、8名停戰監視人員、75名非軍事警察官，以及41名選舉監視人員，參加聯合國在柬埔寨的維和活動。

第三節　美國對日本批判的背景：日本異質論

日本雖然打開了參加聯合國維和活動的大門，但是波斯灣戰爭結束時，日本尚未通過PKO法案。雖然日本政府於1991年4月24日，以「為了確保日本船舶航行安全，進行波斯灣地區的魚雷掃除及處理任務」為由，由海上自衛隊組成「波斯灣掃雷派遣部隊」，前往波斯灣地區掃雷，但這也是波斯灣戰爭結束（停戰協議於1991年4月11日生效）之後的作為。

誠如前述，美國對日本在波斯灣危機爆發後的作為，採取強力的批判。美國對日本的批判為何如此強烈？其背景有二：一是日本外交因應的遲緩，二是「日本異質論」的出現。

首先，關於日本外交因應的遲緩方面。伊拉克入侵科威特的前一年，冷戰情勢已經出現瓦解的現象。柏林圍牆於1989年11月9日倒塌；美國總統布希與蘇聯總書記戈巴契夫於同年12月3日在「馬爾他（Malta）高峰會」宣布冷戰結束；中國從1980年代開始採取政治改革、經濟開放的政策，持續向西方靠攏。而正當伊拉克入

侵科威特之際，美國國務卿貝克（James Addison Baker III）正在莫斯科訪問，美蘇兩國立即對伊拉克發出譴責聲明，蘇聯應允將配合美國的行動，同時也不排除軍事方面的協助。而且，聯合國安全理事會通過〈第678號決議案〉（多國籍軍隊組成的法律依據）時，蘇聯也是投下贊成票。諸多的國際現勢顯示出冷戰情勢已經出現快速的變革。

「美國中心主義」與「聯合國中心主義」是戰後日本外交的主要原則。既然如此，在波斯灣危機爆發後，日本未能即時採取因應措施。主要的原因是1989年爆發「瑞克魯特事件」後，自民黨政權出現動搖。

其次，關於「日本異質論」方面。美國對日本的批判，除了日本對波斯灣危機的貢獻「太少又太慢」、「只出錢不見人」之外，1980年代末期出現的「日本異質論」是重要的因素。「日本異質論」出現的主要原因是美日經濟力量的逆轉，致使美國對日本的經濟力量產生警戒所致。

日本的經濟進入1980年代後快速成長，累積許多貿易順差，相形之下美國表現遜色，1980年～1984年，美國對日本的貿易赤字從150億美金，增加到1130億美金。反之，日本對美國的貿易黑字從76.6億美金，增加到461.5億美金。鉅額的貿易赤字不僅讓美國從1914年以來首次成為債務國，而且還是世界最大的債務國。反之，日本成為世界最大的債權國。1985年時，日本對外的淨資產為1298億美金，美國對外的債務為1114億美金。美國為了減緩貿易逆差，透過1985年9月的廣場協議（Plaza Accord），迫使日幣升值。雖然如此，美日貿易逆差仍然沒有改善，在美日經濟關係緊張的狀態下，1980年代末期出現了所謂的「日本異質論」（Japan Revisionism）的反日言論。

1989年8月7日出版的《Businessweek》刊載〈日本再考：對東京的新強硬路線〉的特集，執筆者包含政治學者詹遜（Chalmers Johnson）、曾任雷根政府貿易官員的普雷斯托維茲（Clyde Prestowitz）、駐日25年並著有《日本權力之謎》的荷蘭記者沃爾福倫（Karel van Wolferen），以及美國記者法洛斯（James Fallows），此四人後來被稱為「修正主義四人幫」。其中詹遜於1982年著有《通產省與日本奇蹟：產業政策的成長（1925-1975）》，盛讚日本經濟的成功，現轉而批判日本的經濟政策，增添「日本異質論」的批判力道。

「日本異質論」引用杜拉克（Peter Drucker）的「敵對貿易」（adversarial

trade）概念，批判日本藉由經濟力量支配世界的貿易行為。該概念認為，日本的經濟之所以成功，是因為發展中國家水準的低工資，加上先進工業國家的生產性水準之故。日本的經濟力量雖然已經位居世界第二，但是卻自認為是發展中國家，一味地向貿易對手國增加輸出，另一方面採取保護主義保護本國的幼稚產業，不對貿易對手國開放本國的國內市場。日本的敵對貿易行為導致貿易對手國發生嚴重的失業與社會的混亂，已經不是歐美國家標榜的「競爭的貿易」（competitive trade），而是不公平的貿易。

法洛斯甚至在著作《圍堵日本》（Containing Japan：More Like Us）中大聲疾呼，日本不會改變，除非藉由外力強迫其改變，因此如果不圍堵日本強迫其改變，美國便會面臨危機，例如美國從戰後以來在外交上的權威，或是推行的自由貿易體制，均會受到嚴重的打擊。

值得一提的是，在同一期的周刊也刊登了「日本威脅論」的民意調查。調查結果發現，認為日本的經濟力量會對美國的將來造成威脅的比例為68%，大幅超越蘇聯軍事力量的22%，而認為二者都會的為5%，足見日本的經濟力量對美國所產生的強烈威脅感。

重要名詞解釋

聯合國和平維持活動（United Nations Peace-keeping Operations, PKO）：雖冠有「聯合國」的名義，卻非聯合國成立之初所設置的制度，而且在〈聯合國憲章〉中也並沒有相關的規定。聯合國和平維持活動超越了〈聯合國憲章〉第六章對紛爭之和平解決，又不伴隨第七章對和平之威脅、和平之破壞及侵害的強制性行動，因此是介於第六章與第七章之間的第三功能，被稱為「憲章第六章半」。
根據聯合國事務局發行的《藍盔部隊》（Blue Helmets）對PKO所下的定義如下：為了維持及恢復紛爭地區的國際和平與安全，聯合國所實施、軍事人員執行之不具強制力的活動。此活動是自發性的、是基於同意及合作的。PKO雖然是軍事人員執行的活動，但是並非以武力行使來達成目的，因此與基於〈聯合國憲章〉第42條之聯合國的強制活動有所不同。PKO的軍事人員均配戴藍色鋼盔，故被稱為「藍色鋼盔部隊」。
PKO的種類有二：一為觀察團（observer operations），二為和平維持軍（Peace-

keeping Force, PKF）。

瑞克魯特事件（リクルート事件）：是指1988年爆發的政治家、官僚收受賄賂的醜聞。瑞克魯特公司於1984年至1986年提供未上市股票給執政黨自民黨的重要政治家、在野黨國會議員，以及文部省、厚生省等相關省廳的高階文官。股票一旦上市，便可獲得可觀的利潤。事件的爆發是1988年6月18日《朝日新聞》的報導而被揭發出來。根據媒體的追蹤報導，收受賄賂的政治家包含中曾根康弘前首相、竹下登首相（當時）、宮澤喜一副總理兼大藏大臣、安倍晉太郎自民黨幹事長、渡邊美智雄自民黨政務調查會長等派閥領袖級的人物，社會黨、公明黨、民社黨、社會民主聯合等在野黨也有多位國會議員涉案，收賄的政治家超過90名以上，並有多位政治家、高階文官被起訴。

分立國會：是指在採取二院制的國家中，執政黨在某一院未能獲得過半數席次的狀況，在日本的場合，則指執政黨未能在參議院取得過半數席次的狀況。

自民黨幹事長：是指輔佐總裁執行黨務的職位，是政黨的第二號人物。主要的任務包含統籌選舉事務、管理政黨的資金與人事、透過眾參二院的程序委員會及政黨的國會對策委員會，指揮國會的運作與法案的審議。因為幹事長的權力巨大，所以自民黨向來有「總幹分離」的原則，亦即黨總裁與幹事長由不同派閥的成員來擔任，避免權力過度集中在單一派閥。首任幹事長是岸信介。

廣場協議（Plaza Accord）：是指美國、日本、西德、英國、法國等世界五大經濟國的財政部長與中央銀行總裁於美國紐約廣場飯店舉行秘密會議後，於1985年9月22日所簽署的協議。該協議的目的是聯合干預外匯市場，使日圓、馬克等主要貨幣升值，以解決美國鉅額的貿易赤字。

在外匯市場的干預下，日圓迅速升值。1985年5月時，1美元兌換250日圓左右，廣場協議簽署後三個月的1985年12月，日圓升值到1美元兌換200日圓左右，1987年再升值到1美元兌換120日圓左右。1995年中曾升值到1美元兌換80日圓左右的高價。2008年全球性金融風暴後，日圓再度升值，2011年10月31日日圓一度升至1美元兌換75.57日圓，是戰後以來的最高紀錄。

問題與討論

一、何謂波斯灣戰爭？為何會爆發？冷戰期間互為宿敵的美蘇兩國的態度為何？

二、美國為何要積極主導「多國籍軍隊」的組成，來維護波斯灣地區的和平？

三、日本對波斯灣危機做出什麼貢獻？為何美國仍然不滿？

四、何謂〈聯合國維和活動協力法案（PKO法案）〉？

五、波斯灣危機爆發當年，亦即1990年，為何日本推動〈PKO法案〉會失敗？

六、美國的「日本異質論」的主張為何？

參考閱讀書目

手嶋龍一（2006）。《外交敗戰：130億ドルは砂に消えた》。東京：新潮社。

松村岐夫、伊藤光利、辻中豊著；吳明上譯（2005）。《日本政府與政治》。台北：五南圖書出版公司。

国正武重（1999）。《湾岸戦争という転回点》。東京：岩波書店。

御厨貴、渡邊昭夫（1998）。《首相官邸の決断：内閣官房副長官石原信雄の2600日》。東京：中央公論社。

朝日新聞湾岸危機取材班（1991）。《湾岸戦争と日本：問われる危機管理》。東京：朝日新聞社。

五百旗頭眞編（2014）。《戦後日本外交史 第3版補訂版》。東京：有斐閣。

松井芳郎（1993）。《湾岸戦争と国際連合》。東京：日本評論社。

浅井基文（1991）。《どこへ行く日本：湾岸戦争の教訓と外交の進路》。東京：かもがわ出版。

李世暉

學習目標

一、說明冷戰結束與五五年體制解體的內在關聯。
二、瞭解後冷戰時期日本國家定位的轉變與外交政策的調整方向。
三、說明村山談話的背景、內容與外交意涵。
四、闡述後冷戰時期日本的外交新思維。

第一節　冷戰結束與五五年體制的解體

一、從〈廣場協議〉到泡沫經濟

戰後的日本在日美安保體制的保護下，倚靠科學與技術的基礎與勤勞的國民性，歷經1960年代與1970年代的高度經濟成長時期，至1980年代初期，已發展成全球第二大經濟體。同一時期的美國經濟，則是受到越戰的拖累出現停滯性通貨膨脹現象。對於國力下降的美國而言，一方面希望透過1978年的〈日美防衛合作指針〉，讓日本在區域安全事務上扮演更重要且積極的角色。另一方面，國力日益低下的美國，開始將日本視為其經濟領域的一大威脅。

過去，日本在軍事外交層面上，一直依循美國的冷戰戰略，極少提出自國的主張；但在經濟貿易層面，則因日美兩國經濟發展的差異，開始出現歧異與摩擦。早在1960年代，美國就曾經為了緩解日美間的貿易不平衡問題，要求日本限制紡織品出口。因此，對日本外交而言，1960年以來的重大課題之一，就是設法緩解日美貿易摩擦，保證日美關係的順利發展。1970年代的汽車摩擦與1980年代的半導體摩

擦，都曾是日美經濟利益矛盾的具體象徵事件。

　　進入1980年代之後，面臨到嚴重日美的貿易失衡，美國的財政界與企業界一致認為，此一問題的主因在於：日圓匯價偏低。1985年9月22日，為了進一步解決國內財政與國際收支的「雙赤字」（Twin Deficits）危機，美國乃邀集日本、英國、法國及德國等工業國家的財政部長與央行行長，於美國紐約的廣場飯店進行美元匯率的協議。與會的國家簽署〈廣場協議〉（Plaza Accord），同意共同出資以逐步調降美元對主要國家貨幣的匯率。而被美國視為貿易失衡主因的日圓，則在〈廣場協議〉簽署後的9個月之內升值50%以上。

　　為了緩解日圓升值對日本經濟的負面影響，日本政府一方面持續調降基本利率，另一方面則推出6兆日圓的減稅與公共投資計畫（「緊急經濟對策」）。在此一金融寬鬆政策的支持下，日本順利克服日圓升值的壓力，重回經濟成長的軌道。若從數據上來看，1988年日本的經濟成長率為6.2%，為第一次石油危機以來的最高水準。日本經濟雖然在金融寬鬆與金融市場自由化的政策推動下，重回經濟成長的軌道，但也埋下資產泡沫化的種子。

　　1991年4月，日本的泡沫景氣出現反轉的態勢。日本股價與不動產價格急遽下跌，各項經濟指標也開始惡化，景氣陷入長期衰退。泡沫經濟破滅後，戰後以來被視為經濟發展典範的日本模式，明顯地已不適應當代的國際經濟環境。對此，日本政府在1990年代中期之後，嘗試透過政治、金融、產業制度的變革，以擺脫泡沫經濟帶來的後遺症。

二、「五五年體制」的解體

　　隨著經濟情勢的惡化，日本的政治也在1990年代初期出現劇烈變化。日本自民黨於1955年開始的一黨獨大體制，一般稱之為「五五年體制」（Parties System Since 1955）。五五年體制的重要特徵之一為：以自民黨為首的保守派勢力居國會穩定多數（議席數超過二分之一但低於三分之二），而以社會黨為首的革新派勢力則靠超過三分之一的議席數，牽制保守派勢力修改和平憲法的行動。五五年體制下的日本政治構圖，既非勢均力敵的兩黨制，也非相互合縱連橫的多黨制，而是立場

對立但勢力懸殊的「一又二分之一政黨制」。

　　「五五年體制」運作的外在因素之一，就是美蘇兩極對立的冷戰體系。日本受到此一冷戰情勢的影響，形成「國內冷戰」的政治構圖。日本國內的冷戰，不是以「共產主義」與「反共產主義」為對抗主軸，而是呈現在「保守」與「革新」的對立上。在國內冷戰的政治構圖下，立場保守的自民黨與主張革新的社會黨，雖然在政治立場上多次出現激烈爭辯，也各自訴諸選民的支持，但保守政黨與革新政黨的政治版圖，卻未出現重大變化。這亦顯示出，日本民眾在國內冷戰的情勢下，對於穩定政治的要求大於對政黨輪替的追求。

　　然而，1980年代中期之後，蘇聯在戈巴契夫（Mikhail Gorbachev）的主政下，開始推動國內政治經濟的「改革」（perestroika）與「開放」（glasnost）政策，以及國際關係的「新思維外交」（new thinking of diplomacy）。影響所及，東歐國家紛紛出現民主化運動，兩極對立的冷戰體系亦開始出現和緩的跡象。在國際對立和緩的氛圍下，長期執政的自民黨在1989年7月的參議院選舉中，遭到空前的挫敗。

　　1989年12月，美蘇兩國的領導人在地中海的馬爾他島舉行高峰會談，正式宣告冷戰的終結，國際政治進入後冷戰時期。同一時期，日本自民黨內部的派系鬥爭，也因為多次選舉的失敗而開始浮上檯面。日益激烈的黨內權力鬥爭，不僅造成自民黨的分裂，也讓日本民眾對政治感到失望。1993年7月的第40屆眾議院議員總選舉，執政長達38年的自黨交出了政權。在新生黨小澤一郎的穿梭主導下，日本社會黨、新生黨、公明黨、日本新黨、先驅新黨、社民聯、參議院民主改革聯合會等七黨一會聯合推舉的細川護熙當選為「連立政權」的首相，宣告「五五年體制」的終結，日本政治進入了新的階段。

第二節　日本的國家定位與外交方向辯論

一、日本國家定位的轉變

　　戰後的日本在日美安保體制的保護下，透過自由貿易體制，快速地強化自國

的經濟實力與國家競爭力。1980年代後期的日本，不僅成為全球最大債權國，國內各項經濟指標，也令各國刮目相看。舉例來說，1990年日本全國不動產總值約2,456兆日圓，為美國全國不動產總值的4倍。而日經指數則是在1989年12月上漲至38,915的歷史高點，時價總額突破590兆日圓。當時，東京股票市場的交易量，超過紐約股票市場與倫敦股票市場的總和。進入後冷戰時期之後，國際政治經濟環境、國內政治經濟環境與日美關係現急遽變化，讓日本的外交進入了新的轉換期。

(一)在國際政治經濟環境方面

冷戰時期，「自由民主」或「共產集團」的標記是各國界定自己的主要標準，而軍事力量則是衡量各國影響力的主要依據。進入「後冷戰」時期之後，不同「文明」所延伸出的民族主義與宗教文化差異，逐漸成為各國自我認同的基礎；而強調經濟合作的區域經濟整合，則是各國因應此政經變遷的主要方式。例如，歐洲國家加速了歐洲聯盟（European Union, EU）的進程，而亞太國家在此國際政經環境下，成立亞太經濟合作會議（Asia-Pacific Economic Cooperation, APEC），以促成亞太地區的經貿發展和自由化。

(二)在國內政治經濟環境方面

自1986年11月開始持續53個月的「平成景氣」，至1991年4月之後出現反轉，景氣陷入長期衰退。在日本泡沫經濟破滅的過程中，金融機構承擔了大部分風險，導致日本銀行的「不良債券」（呆帳）激增，金融市場的流動性不足。此外，日本政府持續以擴大公共投資作為解決經濟停滯的對策，進一步加劇了日本的財政負擔。國內經濟的不振，形成制度改革的壓力，也導致日本政治的重組。

(三)在日美關係方面

隨著日美貿易摩擦的加劇，日美兩國的關係開始在1980年代後期出現變化。一方面，對1985年成為全球最大債務國的美國而言，全球最大債權國的日本已成為凌駕蘇聯的威脅。另一方面，日本國內則出現調整「日美同盟」的主張，強調日本應與各國合作，共同在後冷戰時期建立國際新秩序。日美關係在後冷戰時期的發展與變化，促使日本與美國開始思考美日同盟的新方向。

在上述的國內外環境轉變下，日本對於自國在國際社會上的角色，出現不同的思維辯論。其中，關於國家定位的爭辯，主要表現在下列三個議題上。

(一)追隨美國還是獨立自主

冷戰時期，日本的外交政策在美國全球戰略的制約下，並沒有太多自主的空間。但隨著冷戰的終結，以及日本經濟實力的提升，日本國內開始出現「外交獨立自主」的聲浪。最具代表性的人物與事件，就是，就是1989年出版的《可以說不的日本》（《「NO」と言える日本》）。此書由當時擔任自民黨國會議員的石原慎太郎，以及擔任SONY董事長的盛田昭夫合著，內容主張日本可運用科技的競爭力，做為日美交涉、談判的籌碼，並強調日本必須朝向自主防衛發展，最終應廢止〈日美安保條約〉。換言之，後冷戰時期的日本，面臨到「持續追隨美國的外交政策」，抑或「走出日本自主的外交路線」的爭議。

(二)脫亞入歐還是亞洲的一員

戰後以來的日本，在歐美主導的國際經貿與安全保障體制的庇護下，快速地走出戰敗的陰影，成為先進工業國的一員。進入了後冷戰時期，日本開始思考如何積極參與並主導亞洲地區的經貿合作機制，並強調日中關係與日美關係一樣重要。換言之，後冷戰時期的日本，面臨到「持續參與歐美經貿體制」，抑或「專注主導亞洲經濟整合」的選擇。

(三)專注自國發展還是承擔國際責任

在「和平憲法」的制約與「日美安保體制」的庇護下，戰後日本國家的安全保障不須承擔太多的成本，也讓日本被認為是戰後國際發展的「搭便車者」（free rider）。然而，當1990年「波斯灣戰爭」爆發之際，在中東擁有鉅大國家利益的日本，僅對盟軍提供130億美元的經濟援助，並未直接參與軍事行動。日本在波斯灣戰爭中「只出錢，不出兵」的作為，受到國際社會的強烈批判。為強化日本的國際貢獻，以及回應同盟國美國對日本的要求，日本於1992年通過〈國際和平協力法〉（〈PKO協力法〉），自衛隊得以出兵海外執行維持和平任務。

二、日本外交方針的調整

(一)從「樋口報告」到「奈伊報告」

　　後冷戰時期國際環境的轉變，直接影響日本國內對其國家角色的爭辯；日本國家角色的爭辯，又直接影響其後的外交方針。1994年8月12日，日本村山富市內閣公開「防衛問題懇談會」的最終報告（「樋口報告」），指出後冷戰時期的安全保障環境已出現質變，全球範圍的經濟競爭將取代軍事衝突。在美國不再具有壓倒性優勢的情況下，與美國之間存在著經濟矛盾的日本，首要之務是促進多邊安全合作機制之發展，其次才是充實美日安保關係之機制。

　　日本對「日美同盟」未來走向的消極化思維，讓當時擔任美國國防部助理部長的奈伊（Joseph S. Nye）感到憂心，乃於1995年2月提出「美國亞太安全戰略報告」（United States Security Strategy for the East Asia-Pacific Region, EASR），建議美國政府必須重新審視後冷戰時期的安全保障關係。戰略報告中指出，面對走向大國化的日本，美國必須建立一個超越一般利益，同時符合美國長期國家利益的亞太戰略。值得注意的是，這份報告進一步確認了日美同盟的內容與重要性。在內容上，強調後冷戰時期的美日同盟關係，同時包含了安全同盟、政治合作以及經濟貿易等三個層面；在重要性上，主張日美同盟是美國東亞戰略之基礎，並期待日本對區域以及世界安全做出進一步的貢獻。

　　整體而言，1990年代中期的日美關係，確實受到極大的挑戰。日本政府雖然確認日安保體制對確保日本安全及周邊和平穩定，是「必要而不可或缺」的關鍵；但也認為過去的日本因過度依賴日美安保體制，必須發揮自國經濟大國的力量，謀求更自主外交作為與國際地位。另一方面，中國的經濟與軍事力量的崛起，讓中國再度成為冷戰後日本外交的影響因素。對日本來說，參與中國的改革開放，確實為1980年代之後的日本帶來經濟利益，也為日中兩國營造了良好的互動環境。但面對本國經濟發展的停滯與中國經濟的崛起，日本國內開始出現「中國威脅論」的論述觀點。

　　日本的中國威脅論，大致可分為「政治威脅論」、「經濟威脅論」與「軍事威脅論」三類。在政治威脅論方面，日本認為中國極端關注西藏、內蒙古、新疆與台灣等地區，對周邊國家而言是一種擴張主義的心態與強權主義的威脅。在經濟威脅

論方面，中國自改革開放之後，經濟快速發展，綜合國力不斷提升。日本認爲以中國爲中心的強大華人經濟圈正在成形，其發展勢必對亞太，特別是對日美經濟造成巨大衝擊。在軍事威脅方面，中國軍費預算的快速增長及內容的不透明，引起周邊國家的疑慮。日本認爲中國集中發展海洋軍力的作爲，正在亞洲挑起新一輪的軍備競賽。

在中國威脅論的興起，讓日本政府重新檢視其周邊的國際政治經濟環境，也重新檢討後冷戰時期的外交政策與日美安保關係。就在日本摸索美日安保關係的新方向時，北韓出現發展核武的跡象，以及中國在台灣海峽進行軍事演習和飛彈試射，造成日本周邊緊張的局面。1996年，針對日美安保體制的未來發展，以及對亞洲局勢的因應，日美兩國的首腦共同簽署〈美日安全保障聯合宣言〉，一方面重新確認日美同盟價值，以及日美安保條約對促進亞太地區安定的功能；另一方面強調，日美兩國認爲應爲和平解決亞太地區問題努力，並與中國、俄羅斯、南韓、東協國家建立密切合作關係。

第三節　村山談話與日本的戰爭責任

一、河野談話與慰安婦問題

日本在後冷戰時期的外交摸索過程中，除了泡沫經濟破滅、五五年體制崩解、日美關係的調整等因素之外，日本如何思考與表述戰爭責任，也扮演了重要的角色。日本的戰爭責任表述問題，最早出現在1982年的「歷史教科書問題」上。1982年，日本媒體在未經查證的情況下，報導文部省試圖將歷史教科書中的「侵略華北」改爲「進出華北」。該報導引發中國的強烈抗議後，時任官房長官的宮澤喜一發表關於歷史教科書的政府統一見解，說明日本政府與日本國民，對於過去日本爲韓國、中國在內的亞洲國家帶來莫大的痛苦與損失，深表遺憾與反省之意；並決心走向和平國家的道路，不再重蹈過去的覆轍。

時任首相的鈴木善幸，也動身前往中國致歉，並發表所謂的「鄰近國家條

款」，說明日本政府在進行歷史教科書審定之際，須考量周邊鄰近國家的感受。之後，該「進出華北」的報導被確認爲「誤報」，但也創下了歷史的先例，即歷史教科書與戰爭認識問題，是必須要以「政府談話」方式進行說明的外交問題。自此之後，歷史教科書開始成爲日本與周邊國家之間的外交摩擦因素，並在每年重要的節日上影響日本與相關國家的互動關係。

與此同時，慰安婦問題也在《朝日新聞》的連載報導下，成爲日本與韓國之間的重要外交爭議。當時，在日本國內具有重大於論影響力的《朝日新聞》，引述吉田清治（自稱擔任戰爭時期「山口縣勞務報國會下關支部動員部長」）的著書證言，報導日本在戰爭時期，從韓國濟州島強擄了大約200名年輕女性。受其報道影響，日本在朝鮮半島上的「強擄慰安婦」行爲，立刻被韓國媒體視爲戰爭罪行事實加以大肆報道，並成爲該國批判日本的核心議題。

進入1990年之後，「強徵從軍慰安婦」的問題，已在韓國輿論中紮根，成爲韓國乃至於國際社會的廣泛認知。1990年10月，韓國37個女性團體發表聲明，向日本提出包括承認強徵「慰安婦」行爲、正式道歉和賠償等6項要求。爲因應國際社會與國內民間對「揭露事實」的要求，日本政府乃對一系列輿論報道進行核實調查。在調查的過程中，證實了「吉田證言」的虛構問題；而日本媒體也在1992年8月以後，開始避免發布以吉田證言爲前提的慰安婦報道。而吉田清治本人亦於1995年在《週刊新潮》上，承認其著書內容是創作的。

1993年，日本政府公布關於慰安婦問題的正式調查結果，時任官房長官的河野洋平並對此發表「關於慰安婦的談話」（又稱「河野談話」）。「河野談話」中指出，慰安婦主要是由接受軍方要求的商家來徵集，但實際中也有很多使用花言巧語或強制等違背本人意願的情況，且確實存在官方等直接參與此事的現象。而日本將通過歷史研究和歷史教育將這一問題永遠銘刻於心，並再一次表明絕不重複同樣錯誤的堅定決心。

二、村山談話的外交意涵

自1982年以來的教科書爭議與慰安婦問題，逐漸對日本的外交對應造成壓

力。而後冷戰時期的國際社會與國內社會的氛圍，也讓日本政府不得不正視此一議題。國際社會氛圍，主要呈現在下列三個面向。第一，隨著歐洲統合的進程，德國開始主動著手處理與舊蘇聯之間的戰爭責任議題；與之相較，更顯示出日本的被動因應。第二，日美關係的疏遠，讓日本必須重新檢視與亞洲國家的互動關係基礎。第三，「天安門事件」之後的中國，為維持共產黨政權的向心力，開始推動反日的愛國主義教育。

國內社會氛圍，主要呈現在下列兩個面向。第一，1996年6月，自民黨、社會黨與新黨先驅組成的聯合政權，於眾議院通過「重申記取歷史教訓致力和平決議文」，對過去日本的侵略與殖民支配行為，表示深切的反省之情。第二，自民黨部分議員在「決議文案」的缺席，顯示日本國內保守陣營依舊對日本戰爭責任論述，抱持不同的觀點。

上述的國際與國內因素的影響下，時任日本首相的村山富市，在二次世界大戰結束50週年的1995年8月，發表「戰後50週年終戰紀念日村山內閣總理大臣村山內閣總理大臣談話」（「村山談話」），為日本的戰爭責任做了戰後以來最重要的定位與表述，也直接影響了1990年代中期之後的日本亞洲外交方針。

「村山談話」的主要內容與其外交意涵可從下列三個面向進行理解。

第一，「村山談話」首先聲明，日本感謝美國以及世界各國給予的支援和合作，讓戰後日本得以快速復興，並依此建立和平與繁榮。此一內容闡述日美兩國自戰後以來的密切合作關係，進一步地將日美關係的友好發展塑造為日本走向和平道路的具體例證。

第二，「村山談話」其次強調，日本應該把戰爭的悲慘傳給年輕一代，以免重演過去的錯誤。並且要同近鄰各國人民攜起手來，進一步鞏固亞太地區乃至世界的和平。此一內容闡述日本與亞洲鄰近國家之間，必須建立基於深刻理解與相互信賴的關係。換言之，日本的外交方針應該、也必須向亞洲傾斜。

第三，「村山談話」最後承認，過去的日本在錯誤的國策下，走上了殖民統治與侵略戰爭的道路，為亞洲各國人民帶來了巨大的損害和痛苦。對此，日本表示深刻的反省和由衷的歉意。此一內容闡述日本將立足於過去的深刻反省，與周邊國家建立信賴關係，為當代日本的「道歉外交」揭開序幕。

第四節　日本的新外交思維

一、日美同盟漂流

　　二次世界大戰之後，日本的防衛力量受制於〈日本國憲法〉第九條的規定，只能透過1951年簽署，1960年修正的〈日美安保條約〉，由美國保衛日本的安全。冷戰時期，〈日美安保條約〉與其他相關雙邊規定所形成的「日美安保體制」，將蘇聯視為最主要的假想敵。過去以來，美國認為維持日美同盟，可確保美國的下述三項國家利益：

　　第一，防止任何一個霸權或聯盟崛起支配東亞地區，包括日本在內；

　　第二，維持東亞地區的秩序和穩定，以及強化美國的角色；

　　第三，確保美國的貿易和經濟利益。

　　除此之外，駐日美軍一方面能對亞太區域的安全事態做出迅速的反應，且日美安保體制的安全承諾也讓日本安心；另一方面，在日美安保體制的制約下，對日本戰略意圖心存疑慮的亞洲國家也能感到放心。此一背景因素觀點，讓美國主導、日本從屬的日美安保體制，成為美國亞洲戰略的最佳選擇。

　　1989年之後，國際社會進入後冷戰時期。假想敵蘇聯的解體，讓日美安保體制的同盟基礎出現變數；日本經濟實力的快速提升，讓原本不對等的日美同盟關係，面臨到調整的需要；而美國因應後冷戰時期所進行的美軍縮編與重新部署，也使得日美雙方對於日美安保體制的未來，出現了相對負面與悲觀看法。

　　導致1990中期之後日美關係疏遠的具體事件，主要是朝鮮半島問題、沖繩基地問題與台灣海峽危機問題。其中，朝鮮半島問題是指北韓出現發展核武的跡象，致使朝鮮半島呈現相對不安的情勢；沖繩基地問題是指駐日美軍的性犯罪事件，引發沖繩居民大規模的反美示威遊行；台灣海峽危機問題是指，中國試圖以軍事演習與飛彈試射，影響台灣的總統大選。日美安保體制在這些問題的處理上，呈現出戰略目標的不確定，以及同盟關係的失焦。

　　針對此一日美同盟發展的態勢，《朝日新聞》評論家船橋洋一提出「同盟漂流」（drifting alliance）的概念來說明。船橋洋一觀察到，當代的日美同盟關係，

在各項國內外因素的作用下，失去了明確的方向感；此一任由官僚階層常規工作維持的日美同盟，已無法因應內外環境的劇烈變化，陷入一種無方向的漂流狀態。

二、確立新的外交理念

整體而言，1990年代日本外交政策的轉變，既受到冷戰結束、美國亞洲戰略轉變、中國崛起等國際環境變化的影響，也受到泡沫經濟、政治變動等國內環境變化的影響。而在內外環境的交錯下，日本在此一時期所摸索的外交模式，可進一步從下述三項外交理念進行分析與論述。

(一)區域主義外交

歐盟（EU）、北美自由貿易區（NAFTA）、東南亞國協（ASEAN）、亞太經合會（APEC）的相繼成立、運作，標誌著區域主義的興起。日本如何在區域主義中扮演重要的角色？如何透過國家政府的歷史認識，排除區域內國家對日本的疑懼？上述問題，是日本思考新外交模式時面臨的重要挑戰。

(二)多國協調外交

進入後冷戰時代，「威脅」的定義出現了多樣化發展。戰爭之外，恐怖主義、環境保護、金融安全、南北問題等，都成為現代國家安全保障的新課題。對日本來說，隨著安全保障範圍的擴大，在國際情報網的構築、經濟制裁的參與、國際糾紛的調停等新外交領域，日本必須重新思考自國的角色。

(三)超國家意識外交

隨著全球化的進展，跨越國境的貿易、金融、資訊、溝通等行動，重新定義了「國家」的義涵。傳統國際關係中所強調的民族國家、國民經濟概念，在後冷戰時期已出現變化。如何在全球正義、國際公平的價值觀下，解決貧窮問題、地球暖化問題，與日本的國際化發展息息相關。

重要名詞解釋

樋口報告：1994年2月，細川護熙內閣設置「防衛問題懇談會」，由時任ASAHI集團會長
　　　　兼經團連副會長的樋口廣太郎擔任座長（主席）。同年8月12日，在村山富市內閣執
　　　　政期間，「防衛問題懇談會」發表最終報告。內容指出後冷戰時期的安全保障環境
　　　　已出現質變，全球範圍的經濟競爭將取代軍事衝突。在美國不再具有壓倒性優勢的
　　　　情況下，與美國之間存在著經濟矛盾的日本，首要之務是促進多邊安全合作機制之
　　　　發展，其次才是充實美日安保關係之機制。此一報告一般稱之為「樋口報告」。

奈伊報告：日本「樋口報告」中所強調的外交政策順位，是多邊安全優先於日美安保。
　　　　時任美國國防部助理部長的奈伊對此感到憂心，於1995年2月提出「美國亞太安全戰
　　　　略報告」（EASR），建議美國政府在面對走向大國化的日本，必須透過「戰略平
　　　　行」的觀點，建立一個超越一般利益，同時符合美國長期國家利益的亞太戰略。此
　　　　一報告一般稱之為「奈伊報告」。

中國威脅論：日本的中國威脅論，可分為「政治威脅論」、「經濟威脅論」與「軍事威
　　　　脅論」三類。在政治威脅論方面，日本認為中國極端關注西藏、內蒙古、新疆與台
　　　　灣等地區，對周邊國家而言是一種擴張主義的心態與強權主義的威脅。在經濟威脅
　　　　論方面，中國自改革開放之後，經濟快速發展，綜合國力不斷提升。日本認為以中
　　　　國為中心的強大華人經濟圈正在成形，其發展勢必對亞太，特別是對日美經濟造成
　　　　巨大衝擊。在軍事威脅方面，中國軍費預算的快速增長及內容的不透明，引起周邊
　　　　國家的疑慮。日本認為中國集中發展海洋軍力的作為，正在亞洲挑起新一輪的軍備
　　　　競賽。

河野談話：1993年，日本政府公布關於慰安婦問題的正式調查結果。時任官房長官的河
　　　　野洋平，對此此調查結果發表「關於慰安婦的談話」。「談話」中指出，慰安婦主
　　　　要是由接受軍方要求的商家來徵集，但實際中也有很多使用花言巧語或強制等違背
　　　　本人意願的情況，且確實存在官方等直接參與此事的現象。而日本將通過歷史研究
　　　　和歷史教育將這一問題永遠銘刻於心，並再一次表明絕不重複同樣錯誤的堅定決
　　　　心。此一談話內容，又稱「河野談話」。

村山談話：日本首相的村山富市，在二次世界大戰結束50週年的1995年8月，發表「戰
　　　　後50週年終戰紀念日村山內閣總理大臣村山內閣總理大臣談話」。「談話」首先聲
　　　　明，日本感謝美國以及世界各國給予的支援和合作，讓戰後日本得以快速復興，並
　　　　依此建立和平與繁榮。其次強調，日本應該把戰爭的悲慘傳給年輕一代，以免重演

過去的錯誤。最後承認，過去的日本在錯誤的國策下，走上了殖民統治與侵略戰爭的道路，爲亞洲各國人民帶來了巨大的損害和痛苦。對此，日本表示深刻的反省和由衷的歉意。此一談話內容，又稱「村山談話」。

同盟漂流：1990年代的日美同盟關係，在各項國內外因素的作用下，失去了明確的方向感；此一任由官僚階層常規工作維持的日美同盟，已無法因應內外環境的劇烈變化，陷入一種無方向的漂流狀態，也就是日美「同盟漂流」。

問題與討論

一、「樋口報告」與「奈伊報告」對後冷戰時期的日本關係發展有何影響？

二、1990年代初期，日本對於國家定位的爭辯方向與內容爲何？

三、日本的「中國威脅論」內涵爲何？

四、村山談話的內主要內容爲何？其內容如何影響日本的外交政策？

五、日美同盟漂流形成的原因爲何？對後冷戰時期日美關係的有何影響？

六、日本在後冷戰時期確立的新外交理念內容爲何？

參考閱讀書目

大沼保昭、江川紹子（2015）。《「歷史認識」とは何か 対立の構図を超えて》。東京：中中央公論新社。

井上寿一（2014）。《日本外交史講義 新版》。東京：岩波書店。

村山裕三（2003）。《経済安全保障を考え－海洋国家日本の選択》。東京：NHKブックス。

佐藤考一（2012）。《「中国脅威論」とASEAN諸国—安全保障・経済をめぐる会議外交の展開》。東京：勁草書房。

東郷和彦（2013）。《歴史認識を問い直す 靖国、慰安婦、領土問題》。東京：角川書店。

栗山尙一（1997）。《日米同盟 漂流からの脱却》。東京：日本経済新聞社。

高瀬弘文（2008）。《戦後日本の経済外交》。東京：信山社。

船橋洋一（1997）。《同盟漂流》。東京：岩波書店。

廖舜右

學習目標

一、回顧後冷戰時期亞太區域安全之主要發展趨勢。

二、探討台海飛彈危機對日本國家安全利益之影響。

三、瞭解後冷戰時期美日安全保障的變遷及其政策意涵。

四、分析橋本內閣時期日本與周邊國家的互動關係。

第一節　後冷戰亞太區域安全趨勢

　　冷戰結束後，蘇聯威脅的消失改變了國際社會的互動關係，而伴隨著個別國家政治與經濟實力的崛起，全球各區域逐漸形成特定權力中心，進而影響該區域國家之間的行為模式。其中，亞太地區在中共改革開放、日本經濟高度成長、新興工業國加速現代化等變化下，其發展前景更是備受國際社會關注。

一、區域權力結構的變遷

　　自1985年前蘇聯共黨書記戈巴契夫（Mikhail Gorbachev）提出改革（Perestroika）與開放（Glasnost）的新思維（New thinking），並向歐洲國家提出「歐洲共同家園」的理念後，冷戰東西對抗體系開始鬆動，直接導致1989年11月柏林圍牆倒塌。而在波蘭、匈牙利、捷克等一連串東歐民主化浪潮的席捲下，美蘇兩國元首布希（George Bush）和戈巴契夫（Mikhail Gorbachev）於同年12月舉行馬爾他（Malta）峰會，正式宣示結束長達半個世紀的冷戰對峙。1991年7月，華

沙公約集團正式宣布解散，同年12月蘇聯解體，各加盟共和國組成獨立國協（the Commonwealth of the Independent States, CIS），且採行資本主義式的政經改革。此一全球政治與經濟的變遷，使得二次大戰結束以來強調意識型態、軍事與安全相互對抗的冷戰體制徹底瓦解，代之而起的是全球各地區域內國家之間的競爭與合作。

與此同時，中共自1978年鄧小平領政並推動改革開放政策後，經濟的快速增長帶動其整體綜合國力的提升，成為亞太地區不可忽視的新興強權。然而，中共戰略能力擴張之際，共產黨一黨專政下不透明的決策系統，其戰略意圖令西方與周邊國家備感不安與壓力，「中國威脅論」亦由此而生。國際社會普遍認為，冷戰結束後中共不僅加速填補蘇聯在亞太地區遺留下的權力真空（power vacuum），且更進一步朝區域霸權、甚至世界霸權挺進，進而威脅美國在亞太區域的政經地位。為此，美國加速構建與亞太盟國及關鍵夥伴國之間的關係，亦即維持冷戰以來圍堵共產勢力擴張之「島鏈封鎖」戰略（island chain blockage），同時強化以美國為軸心並連結美日、美韓、美菲、美澳紐等雙邊同盟的「軸輻戰略」體系（hub and spoke system）。

二、領土主權爭議

亞太地區因海陸分布之地緣因素，區域內長期存在跨國性的領土與領海爭議，而由於這些爭議涉及複雜的主權聲索問題，故而成為引發亞太區域衝突的根源。陸上領土爭議方面，中共是捲入最多領土爭端的國家，分別和俄國、印度、塔吉克、不丹、越南等國存在陸上邊界爭議。冷戰期間，中共即曾因領土衝突而發動1962年中印邊境戰爭、1969年中蘇邊境戰爭，以及1979年中越邊境戰爭等；冷戰結束後，中共雖分別與俄國、印度、越南、塔吉克等國就邊界問題進行對話與協商，但離完全解決仍有一段不小的差距。領海與島嶼爭端更是緊張，無論中日東海劃界與釣魚台問題、日俄北方四島（齒舞、色丹、國後、擇捉）糾紛、日韓獨島（日本稱竹島）歸屬問題，還是南海主權爭議等，均升高了區域國家之間政治與軍事的對立及衝突。

分裂國家問題亦是後冷戰時期亞太地區衝突的根源，主要包括朝鮮半島南、

北韓對峙，以及台海兩岸的政治與軍事對抗。一方面，自1953年板門店停戰協定劃定北緯38度線爲界後，朝鮮半島分裂對峙的情況即持續至今，南、北韓在政治體制與經濟發展均呈現截然不同的樣貌。蘇聯瓦解後，北韓即奉行「戰爭邊緣」政策以獲取和他國談判的籌碼，包括1993年試射「蘆洞一號」飛彈、1998年試射「大浦洞一號」飛彈、1999年與南韓在黃海爆發首次海上衝突等，均造成區域衝突危機的升級。另一方面，台海兩岸自1949年分治以來，兩岸政府即爆發多次軍事衝突，如1955年一江山戰役、1958年八二三金門砲戰等；冷戰結束後，亦分別於1995年及1996年爆發兩次大規模飛彈實彈發射危機，造成台海局勢緊張。

三、區域組織與經濟整合的興起

　　相較於大國政治與軍事衝突的動盪，區域經貿組織的興起則是後冷戰亞太地區令人歡欣鼓舞的現象，標誌著區域國家捐棄成見而邁向合作關係的新里程。其中，尤以1989年成立的亞太經濟合作會議（Asia-Pacific Economic Cooperation, APEC）成員最多、合作議題涵蓋範圍最廣。此外，成立於1967年的東南亞國家協會（Association of Southeast of Asian Nations，以下簡稱東協）則是在冷戰結束之際加速擴張，陸續在1995到1999年間加入越南、緬甸、寮國與柬埔寨，順利完成東南亞地區政治與經濟整合之目標，並於1997年亞洲金融風暴後開啓「東協加三」經濟整合進程。區域安全組織方面，包括1994年成立的東協區域論壇（ASEAN Regional Forum, ARF），以及1993年成立的第二軌道非官方機制亞太安全合作理事會（Council for Security and Cooperation in the Asian Pacific, CSCAP）。

第二節　台海危機與日本國家安全利益

　　「台灣因素」一直是日本對外政策中的重要部分。台日兩國自二次大戰結束以來雙邊貿易持續成長，也一直互爲重要的貿易夥伴，不僅台灣的工業機具及生產技術長期依賴日本，貿易也長期呈現鉅額入超的現象。但在蘇聯威脅與中美關係正常化的國際氛圍下，日本田中角榮（Kakuei Tanaka）政府爲拓展與北京政府的友

好合作，1972年與中共建立正式外交關係，並與台灣斷交。自此，台日雙方分別成立「財團法人交流協會」與「亞東關係協會」作爲準官方性質的溝通管道，以維持雙邊交流與互動關係。但事實上，穩定而安全的外在環境是日本推動國家發展的前提，任何區域內零星衝突甚或危機情勢的升級，都將威脅日本國家安全及經濟利益。因此，在美日安全保障條約的「遠東條款」下，日本政府曾明確表示遠東概念在地理上包括台灣地區，並由此開啓「台灣」與日本區域安全戰略之連結。

一、冷戰後期日本國家安全戰略的變遷

直到1970年代中期以前，日本防衛政策思想大抵依循吉田茂（Shigeru Yoshida）提出的「吉田路線」，亦即以自衛武裝、先經濟後軍事，以及依靠美國保護爲主的外交路線，強調日本在不影響經濟復甦及資本累積的前提下，建立與維持最小限度的自衛力量。1970年代中期以後，隨著日本經濟復甦以及美國在越戰結束後全球軍事部署的調整，美國開始要求日本承擔更多防衛責任。繼1978年美日安全保障協議委員會通過第一次〈美日安全保障合作指針〉，日本首相大平正芳（Masayoshi Ōhira）於1979年首次提出「綜合安全保障戰略」，要求政府綜合地運用政治、軍事、外交等各方面的力量，以確保日本安全和所處的區域與國際環境的穩定。而自1979年蘇聯入侵阿富汗後，日本朝野各界更進一步重新思考國家安全利益，並在日後鈴木善幸（Zenko Suzuki）以及中增根康弘（Yasuhiro Nakasone）等首相任期內，相繼推動增加國防預算與擴大防衛範疇之政策，藉此承擔更多防衛責任。1992年1月，美國總統布希與日本首相宮澤喜一（Kiichi Miyazawa）共同發表維持美日安全保障體制的〈東京宣言〉，美國承諾繼續維持亞太前進部署軍力，而日本則繼續向美國提供軍事基地，同時承擔更高比例的駐日美軍相關經費。

二、台海飛彈危機及其對區域安全之衝擊

1995年5月，美國柯林頓（Bill Clinton）政府同意時任我國總統的李登輝以私人身分訪問母校康乃爾大學，成爲台美斷交以來我國政府訪美的最高層官員。此一

事件引發北京政府強烈抗議，而在數次與美方協調未果下，決定於1995年7月至11月舉行飛彈發射及軍事演習。7月21日至28日，解放軍的二砲部隊朝向距離基隆港約56公里的彭佳嶼海域附近發射東風15導彈6枚；10月31日到11月23日，解放軍亦在福建省東山島舉行兩棲登陸作戰操演。繼之，我國於1996年3月舉行首次總統直選期間，北京政府爲恫嚇台灣並試圖影響選情，逐於福建沿海進行「聯合九六」導彈射擊演習。3月8日凌晨，中共發射3枚東風15飛彈，2枚命中高雄港外海附近，第三枚飛彈命中基隆港附近；13日又發射1枚於高雄外海。除了飛彈試射演習之外，中共另舉行二次陸海空大型軍事演習。爲防止台海危機升級，美軍隨即派遣以日本橫須賀爲母港的第七艦隊的「獨立號」戰鬥群前往台灣東北海域，另在印度洋待命的「尼米茲號」航母也率8艘艦艇駛向台灣東部海域，預定與獨立號航空母艦戰鬥群會合台海。在美國航母協防下，台海危機情勢逐漸降溫，而我國亦順利完成首次總統直選。

三、橋本政府政策立場與應對措施

　　台海飛彈危機曝露後冷戰時期亞太區域安全隱憂，美日兩國決定加深對中共軍事威脅的關注，加速推動美日安全保障體系功能與角色的調整。事實上，中共對台進行飛彈試射與軍事演習前夕，日本首相橋本龍太郎（Ryutaro Hashimoto）曾藉由參與首屆亞歐會議的機會，與中共國務院總理李鵬於曼谷進行會談，會中即公開要求中共必須自我約束在台灣海峽的軍事行動。台海危機爆發後，橋本龍太郎及其內閣成員除對此表達遺憾，更公開呼籲兩岸應堅持以和平方式解決問題。外務大臣池田行彥與中共外長錢其琛的東京會談中，也提出日本國內對中共台海軍演一事的疑慮，並擔心日本與中共雙邊關係漸行漸遠。另一方面，日本政府也開始展開跨省廳的撤離居台的日僑行動。有鑑於台灣問題對日本安全的嚴重性，橋本龍太郎內閣在這次台海危機發生之後，便積極與美國協議美日安全保障條約的〈新防衛指針〉議程，進而催生〈美日安全保障聯合宣言〉以及〈美日防衛合作指針〉，日本因此在美日安全合作關係之中扮演更加重要的角色。

第三節　美日安全保障的「再定義」

　　自吉田原則提出後，戰後日本與美國發展密切軍事安全關係，成為日本制定對外政策的重要基礎，1951年9月簽訂〈美日安全保障條約〉（Treaty of Mutual Cooperation and Security between the United States of America and Japan）。1978年11月美日簽訂〈美日防衛合作指針〉（Guidelines for U.S.-Japan Defense Cooperation），但為維持與中國政府的良好互動，強調防衛合作並不針對中共，而為化解北京當局的疑慮，日本還特地將台灣暫時排除在「遠東」的範圍之外。然而蘇聯解體後，美國聯合中共的戰略基礎隨之消失，日中過去因共同利益而擱置的矛盾再度浮現。因此，1994年8月防衛問題懇談會中，防衛廳提出修改〈防衛計畫大綱〉的〈日本安全保障與防衛方法〉（樋口報告），日本由此開啟急速擴大其安全角色之進程。

一、1996年美日安全保障聯合宣言

　　1995年日本國會通過的〈國家防衛計畫大綱〉（National Defense Program Outline）。該份文件強調，日本國家防衛觀念應從防範「小規模的有限入侵」，轉移到「對日本安全有直接衝擊的周邊地區」；同時，日本應謀求防衛力量「質的提升」，加速組建一支海空聯合、具有遠程打擊的新型作戰能力。1996年3月中共在台灣海峽進行飛彈試射，東亞區域緊張情勢的升高，更讓日本警覺必須深化美日同盟以箝制中國威脅的必要性。1996年4月美國柯林頓總統與日本首相橋本龍太郎聯合發表題為〈美日安全保障聯合宣言：邁向二十一世紀的同盟〉（Japan-U.S. Joint Declaration of Security: Alliance for the 21st Century）的新安全保障宣言。該宣言指出，日本國土防衛應是由日本自衛隊與美日安全保障體系相輔相成，而美國在亞太地區的軍事存在則是維繫與穩定區域安全的重要關鍵。其次，美日兩國必須交換對於國際局勢、國防政策及軍事態勢的情報和觀點，除重新審查1978年美日安全保障指針外，也要求雙方共同處理軍事科技與裝備交流、駐日美軍與基地使用等相關問題。此外，該宣言亦提及共同支持區域性與全球性合作的重要性。由此可見，該宣言旨在因應國際環境和區域情勢的變遷，希望美日兩國重新檢視雙邊安全合作議

題，力求雙邊軍事聯盟能夠應付未來新的挑戰。

二、1997年美日防衛合作指針

〈美日安全保障聯合宣言〉提出後，美日兩國積極推動相關合作以落實該項宣言之目的，並於1997年9月簽署新〈美日防衛合作指針〉（Guidelines for US-Japan Defense Cooperation）。〈美日防衛合作指針〉主要有三項內容：（1）平常時期的合作；（2）使日本陷入危險之「周邊事態」的合作；（3）「戰時」狀態的合作。新指針內容強調四項區域安全情勢的重要轉變：其一，作戰對象由過去對抗蘇聯威脅，變成因應區域內不安定因素；其二，作戰想定由遠東地區發生戰事，變成「日本周邊」發生戰事；其三，聯合防衛戰略目標由確保日本安全，變為對區域安全與穩定作出貢獻；其四，行動方式由戰時美日分別行動、美軍支援，變成聯合出動、相互協同。換言之，新指針除了強調美日在戰時合作上加強交換情報與政策協商，亦增加維和、裁軍、軍控、安全對話等方面的協力。值得注意的是，新指針中「周邊事態」雖強調「事態性」（situational）而不是地理性（geographical），但其範圍仍引起各界廣泛的討論。1960年代岸信介政府所界定的「遠東條款」所涵蓋的範圍為「菲律賓以北」，但橋本龍太郎卻於1997年4月公開表示，台灣與南沙群島將包含在美日防衛合作範圍之內；此舉引發中共當局強烈的抗議。1999年4月日本政府通過〈周邊事態法案〉（Law on Situations in Areas Surrounding Japan），明確解釋周邊事態之定義，包括「某國發生內亂、內戰而擴大成為國際問題時」，有效排除了與美國建立軍事夥伴的關係的國內政治障礙，進一步落實1997年所通過的美日防衛合作新指針。

第四節　普天間基地轉移爭議

普天間基地（Futenma Base）位於沖繩群島宜野灣市，是美國海軍陸戰隊駐沖繩的基地，面積約占該市面積的25%。自冷戰期間設立以來，普天間基地即成為美日同盟關係的象徵，亦是美國亞太戰略重要的一環。但由於當地住宅密集，容易發

生安全事故且噪音擾民，日本國內一直存在要求美國返還基地的呼聲。

一、普天間基地戰略價值

　　普天間基地是美海軍陸戰隊在遠東地區最大的綜合性基地。由於沖繩群島鄰近日本、中國、台灣地區和朝鮮半島，有助於美國將其力量投射到遠東地區，確保美國在亞太地區建構嚇阻或避險戰略之前進部署基地。依美軍戰略規劃，主要包括擔任核動力航空母艦打擊群母港之橫須賀海軍基地、擔任投射海軍陸戰隊兵力緊急應變據點之沖繩普天間基地，以及擔任空中火力支援的沖繩嘉手納空軍基地，連結成亞太地區的軍事嚇阻力量。由此可見，普天間基地替代設施之所以難覓，在於美方對於陸戰隊整體機能之要求。由於陸戰隊是在緊急事態發生時，必須分秒必爭地緊急馳赴前線，因此美國要求替代設施興建地點，必須在直升機20分鐘航程可抵達範圍內（200海浬），否則將讓駐沖繩陸戰隊失去作爲快速反應之戰略嚇阻功能。換言之，普天間基地扮演著因應朝鮮半島、台灣海峽以及釣魚台紛爭之角色。朝鮮半島有事之際，沖繩美軍陸戰隊是最先投入的戰力；同樣地，台海一旦有事，如果美軍陸戰隊比共軍早一步進入台灣，對中共之嚇阻效果極爲有效。

二、問題緣起與爭議焦點

　　美軍駐日基地大多於1945年美軍占領日本後建立。1951年日本與美國簽訂〈美日安全保障條約〉，同意美國在日本駐紮陸、海、空軍，而駐日美軍爲維護遠東和平與保障日本的安全，可應日本政府請求而使用武力鎮壓內亂和暴動，以及對付外來的武力攻擊。但1960年〈新美日安全保障條約〉中額外增加駐日美軍及軍屬涉及刑事案件之規定：美軍人員在駐地犯案後，未經正式起訴，日方不得羈押。這項規定往往使得日方對犯罪案件的調查受阻，也讓沖繩主權之完整受到當地居民的質疑，引發各界對駐日美軍擁有特權之批評。1995年9月普天間基地出現駐沖繩美軍性侵國小女學童事件。日本國內隨即爆發大規模反美示威，要求美軍基地撤離沖繩，以及修訂〈美日地位協定〉（主要是規範對美軍司法管轄權之第17

條）。對此，美日兩國政府經過會商後，決定在美日兩國外交與國防部長聯席會議「美日安全保障協議委員會」（泛稱「2+2會議」）之下設置「沖繩特別行動委員會」（SACO），針對沖繩美軍基地之統整縮編進行檢討。然而，時任沖繩縣知事的大田昌秀（Ōta Masahide）拒絕與美軍重訂土地租約，迫使日本首相村山富市（Murayama Tomiichi）動用首相行政權力，於11月21日不顧沖繩居民反對而與沖繩美軍基地續約。

三、橋本內閣之政策因應

1996年2月新任日本首相橋本龍太郎赴美國訪問，以普天間基地影響到周邊居民安全為由，希望美方體察基地周邊居民心聲，將基地遷移他處，並將土地使用權歸還日方。同年3月，有鑑於台海飛彈危機對區域安全之威脅，柯林頓政府深感強化美日安全保障體系嚇阻效果之必要性，遂在國防部長培里（William J. Perry）主導下作出歸還普天間基地之決定。柯林頓於次月訪問日本期間，即與橋本龍太郎共同發表〈美日安全保障聯合宣言〉，不僅要求美日兩國重新檢討1978年的安全保障指南，確立日本擴大區域安全角色外，更敦促有關當局討論駐日美軍使用沖繩基地問題。1996年12月，美方於美日「2+2會議」中決定歸還普天間基地，但條件是日方必須在5到7年內於沖繩周邊海域建設海上替代設施。不過，被選為興建海上替代設施之沖繩縣名護市，則興起反對基地運動，名護市甚至在市議會主導下舉行公民投票，迫使支持興建的市長比喜鐵辭職。雖然橋本內閣以補助沖繩縣與名護市產業振興為誘因，順利在名護市市長補選與沖繩縣知事改選中協助支持興建基地派贏得選舉，但受到興建地點選定、施工方式、基地使用年限爭議、海洋生態影響評估等因素影響，普天間基地問題始終懸而未決。

第五節　日本與周邊國家關係的調整

除美日安全保障合作的升級外，橋本龍太郎任內亦積極改善與周邊國家的雙邊關係，藉此奠定日本在亞太區域安全中的重要角色。

一、日中關係的降溫

　　自1972年日中關係正常化以來，兩國相繼簽署〈中日聯合聲明〉、〈貿易協定〉、〈航空運輸協定〉、〈海運協定〉以及〈中日和平友好條約〉等一系列雙邊合作文件，鄧小平更成為首位訪問日本的中國領導人。但隨著1980年代中期日本首相參拜靖國神社、教科書修改侵華史實等事件，以及中國政經崛起與軍事現代化加深中國威脅論等發展下，日中關係逐漸產生矛盾與摩擦。特別是1989年中國發生六四天安門事件，日本政府隨即凍結對華貸款並終止高層交流，讓日中關係更陷低潮。1990年開始，日中兩國在高層多次互訪下重新磨合，但仍因政治風波而受到重創。首先，日本內閣閣員相繼在歷史問題上失言，否認、甚至扭曲侵華史實，1995年日本國會甚至表決否定社會黨關於向亞洲國家謝罪之提議；其次是台灣問題，1994年日本政府發給台灣行政院副院長徐立德赴日簽證，1995年日本外務省高官內田勝久亦以日本全權大使身分訪台，1996年更於美日安全保障「周邊事態」中含括台灣；此外，1996年橋本龍太郎以首相身分參拜靖國神社，打破日本自1985年中曾根康弘以來現任首相不再參拜之承諾，再加上日本右翼團體一再登上釣魚台等，均嚴重打擊日中雙邊關係的發展。為此，橋本內閣於1997年起著手修補日中政治互信，提出「相互理解、加強對話、擴大合作和形成共同秩序」等外交四原則，並於1997年參觀中國瀋陽的「九一八」紀念館，並寫下「以和為貴」，成為進入該館的第一個在任日本首相。此外，橋本內閣相繼促成日本首相和中國總理互訪，1998年中國國家主席江澤民亦赴日進行國是訪問，與橋本龍太郎共同發表確立雙方友好關係的〈中日聯合宣言〉。

二、日俄關係的改善

　　冷戰結束後，共產蘇聯對日本的威脅大幅減輕，1990年後的日本國防白皮書甚至刪除「蘇聯威脅」字眼，改以「不確定因素」取而代之。事實上，蘇聯總理戈巴契夫（Mikhail Gorbachev）於1986年海參崴談話後，即與日本簽訂多項經貿協定，正式承認與日本間存在著領土問題，進而設立「日蘇和平條約工作小組」。1991年4月，戈巴契夫更成為蘇聯歷史上唯一訪問日本的國家元首，並在〈日蘇聯

合聲明中〉對北方四島領土爭議提出了表述。蘇聯解體後，日本政府於1991年12月承認俄羅斯繼承前蘇聯的一切國際權力，包括日本和前蘇聯之間有關領土問題在內的各項外交談判；日本政府甚至將經濟援助與領土問題掛勾，作爲日俄兩國在北方四島問題上談判的籌碼。1993年10月俄羅斯總統葉爾欽（Boris Yeltsin）訪問日本時，與日本首相細川護熙（Morihiro Hosokawa）共同發表〈東京宣言〉，確立了以協商方式解決領土爭議之原則。1997年7月橋本龍太郎提出信賴、相互利益、長期觀點等「新對俄外交三原則」，正式放棄長期以來「政經不分離」的舊政策；同年11月與葉爾欽舉行首次非正式高峰會談，雙方同意推動各層面的合作聯繫，促進雙邊關係發展。此外，日本政府更以經濟援助等實際行動支持俄國改革，企圖改善其在俄羅斯國內社會的形象，並於次年4月的第二次非正式高峰會談中同意擴大雙邊合作內容。雙方領導雖然承諾在和平條約架構內解決領土問題，並準備在2000年簽署日俄和約；但在葉爾欽提前去職且俄國內部仍存在強烈民族情緒下，北方四島問題在當時仍未能獲得徹底解決。

三、日本與朝鮮半島問題

　　長期以來，日本與南韓因二戰歷史以及獨島（日方稱爲「竹島」）主權而爭議不斷，但因同爲美國亞太重要軍事盟友而產生區域安全上的聯結。事實上，日韓兩國在經貿上存在高度競合關係，亞洲金融危機期間橋本內閣更曾提供南韓龐大融資，協助南韓政府走出經濟困境，而日本與南韓關係亦持續加溫。據統計，1997年12月由日本輸出入銀行挹注南韓100億美金，1998年5月再挹注南韓10億美金（當時國際社會對南韓紓困貸款的總數爲583億美元）。此外，1998年南韓總統大選由親日的金大中勝選後，橋本政府即片面終止1965年簽訂之〈日本與南韓漁業協定〉，期待與南韓新政府解決令兩國長期困擾的漁業及邊界問題。橋本龍太郎在國會施政方針的演講中，進一步提出要以更寬廣的視野來看待日韓關係，尋求與新上任的金大中總統建立互信，藉以推動兩國之間各領域的交流與合作。此外，橋本內閣在北韓問題上堅決反對1990年代初期以來的議會外交，強調若放任無須負責的議員與北韓協商，將會造成國家利益的嚴重損失。唯有回歸由外務省等政府官員爲主軸的北韓外交，才能推動與南韓政府的緊密合作，進而尋求再度展開北韓建交談判，確保

朝鮮半島的和平與穩定。

重要名詞解釋

集體自衛權（Right of Collective Self-defense）：聯合國憲章第51條之規定：「聯合國會員國遭受武裝攻擊（armed attack）時，在安理會尚未採取維持國際和平與安全的必要措施前，國際法賦予一國行使個別或集體自衛之自然權利。」此為聯合國憲章第2條第4款禁止武力的使用（use of force）與武力的威脅（threat of force）之例外。

亞太經濟合作會議（APEC）：創立於1989年，旨在促進亞太地區國家之間經濟成長、合作、貿易與投資，現有21個經濟體成員。不同於其他政府間組織，其運作是透過非約束性的承諾與成員的自願執行，強調開放對話及平等尊重各成員意見。每年召開一次「經濟領袖會議」（Economic Leaders' Meeting），討論由「部長級會議」（經濟領袖會議前幾天召開）及「企業顧問委員會」所提供的戰略建議，隨後通過〈經濟領袖宣言〉公布達成的正式政策。

東協區域論壇（ASEAN Regional Forum, ARF）：1993年第26屆東協外交部長會議及擴大外長會議（Post Ministerial Conference, PMC）中決議成立，並於1994年7月於泰國曼谷召開首屆會議。其目的在推動區域內建設性的多邊對話與協商，進而落實預防性外交（preventive diplomacy）與信心建立措施。目前參與ARF的國家包括：澳洲、孟加拉、加拿大、中國大陸、歐盟、印度、日本、南韓、北韓、蒙古、紐西蘭、巴基斯坦、巴布亞紐幾內亞、俄羅斯、斯里蘭卡、東帝汶、美國及東協10國。

島鏈封鎖（island chain blockage）：1947年美國實行「圍堵政策」時最具體的軍事戰略部署，旨在扼制共產主義向外擴張的骨牌效應，目前則用以在地緣上封鎖加速崛起的中國。第一島鏈是指北起日本九州、琉球群島、台灣、南至菲律賓、大巽他群島的鏈形島嶼帶；第二島鏈則為北起日本，中經小笠原群島、硫黃島、馬里亞納群島、雅浦島、帛琉群島，延至哈馬黑拉（Halmahera）等島群；第三島鏈則是指北起阿留申群島，經夏威夷群島延伸至大洋州。

戰爭邊緣政策（brinkmanship）：北韓領導人慣用之談判手法，亦即將衝突升級至戰爭爆發邊緣，藉以對周邊國家施加強大壓力，迫使各國打消顛覆本國政權的企圖，做出對北韓有利的讓步。

北方四島（northern islands）：日本與俄羅斯存在領土爭議的島嶼，包括齒舞群島、色

丹島、國後島、擇捉島等，俄羅斯稱此四島為南千島群島（southern kuriles），日本則稱之為北方四島（northern islands），其主權歸屬迄今（2015年）仍是日俄兩國僵持不下的政治難題。

問題與討論

一、亞太地區安全威脅、權力結構、國際組織與相關倡議等，在後冷戰時期出現哪些顯著變化？而面對此一安全情勢的急遽變遷，區域內各國間的互動又有何相應之調整？

二、「吉田路線」提出之時空背景為何？蘇聯入侵阿富汗後，日本國家安全戰略在冷戰後期又有何重要調整？

三、台灣因素在日本國家對外政策中扮演什麼角色？何以兩岸關係的變化攸關日本國家利益？而日本政府在台海飛彈危機中又有何實際作為？。

四、〈美日安全保障條約〉自1951年9月簽訂後歷經了哪些重要的調整？而1997年美日安全保障新指針中「周邊事態」的擴大解釋，對亞太區域安全又有何戰略意涵？

五、普天間基地有何戰略價值？美方與日本在普天間基地遷移問題上出現哪些爭議？而兩國最後妥協方案及後續發展又為何？

六、影響日本與周邊國家雙邊關係發展的關鍵因素為何？而橋本龍太郎擔任首相期間，日本與中國、俄羅斯、南韓及北韓等鄰國又有何外交困境與重要突破？

參考閱讀書目

王少普、吳寄南（2003）。《戰後日本防衛研究》。上海：上海人民出版社。

吉拉爾德・柯提斯（Gerald L. Curtis）編；國防部史政編譯室譯（2002）。《美日關係的新觀點》。台北：國防部史政編譯室。

何思慎（1999）。《擺盪在兩岸之間：戰後日本對華政策（1945-1997）》。台北：東大圖書公司。

松村岐夫等著；吳明上譯（2005）。《日本政府與政治》。台北：五南圖書出版公司。

張嘉中（2005）。《日本國政發展－軍事的觀點》。台北：生智圖書。

許介鱗、楊鈞池（2006）。《日本政治制度》。台北：三民書局。

楊鈞池（2004）。《從派閥均衡到官邸主導》。台北：翰蘆出版社。

楊鈞池

學習目標

一、瞭解小淵內閣與森內閣時期日本外交政策的重點內容。

二、歸納小淵內閣與森內閣時期日本對外關係的特質。

三、說明小淵內閣與森內閣時期日本對外關係所出現的爭議。

四、分析小淵內閣與森內閣時期日本對外關係的意義。

第一節　小淵內閣與森內閣時期日本外交政策的重點內容

一、小淵惠三首相時期

1998年7月30日，由於自民黨在參議院改選中失利，前首相橋本龍太郎宣布辭職，原本擔任外務大臣的小淵惠三當選新首相。小淵惠三就任後的最主要工作反而是內政、經濟與金融問題，特別是聯合自由黨與公明黨合組聯合政府，至於外交政策與對外關係則延續橋本政權的政策，其中，日本與美國積極討論美日防衛指針的再定義以及後續的立法、北韓核武與彈道飛彈對日本的威脅，以及日本與中國的外交關係，這三個議題最受到矚目。

小淵惠三上任後的民調支持度是偏低的，但是，1998年8月31日北韓試射「大浦洞飛彈」，並且飛越日本領空，造成日本輿論的驚訝與爭論，也讓小淵惠三首相得以藉由外部危機而鞏固權力基礎。更重要的是，小淵惠三首相也順利邀請韓國總統金大中於1998年10月訪問日本，發表共同宣言「面向21世紀的日韓夥伴關係」，開啓日韓新時代。金大中在訪日期間曾表示要超越過去的不幸歷史，爲建構富有實

效的未來關係共同努力；為了實現這個目標，日本方面應該正視歷史問題並做出適
當的處理，今後韓國政府不想再提及此事。小淵首相則在共同宣言中，寫入表示日
本對在韓國的殖民統治提出「誠懇道歉」，以書面道歉的形式來回應金大中總統的
提議。長久以來極為困難的日韓關係出現和解。韓國隨後解除對日本的文化限制政
策，日本也出現「韓流熱」。日本與韓國甚至在2002年共同舉辦世界杯足球賽。日
本與韓國之間維持友好的外交關係，藉此牽制北韓。

　　小淵惠三首相任內也和橋本龍太郎前首相一樣面臨：北韓挑釁、中國崛起以
及美國對之迎擊的亞太政策，小淵惠三首相的決定也是選擇與美國一起合作對付北
韓與中國。延續著1996年4月以來美日防衛合作指針再定義的協商，小淵惠三政權
進一步提出〈周邊事態法〉，以法律形式來因應所謂的「周邊有事」。1999年5月
經國會審查通過〈周邊事態安全確保法〉、〈自衛隊法修正案〉、〈美日物品勞務
相互合作協定修正案〉等三項法案，這三項法案又稱為〈美日安保新指針相關法
案〉，旨在規範在美軍介入日本周邊事態時，日本自衛隊所擔負的任務。

　　根據1997年9月23日通過與修改的〈美日防衛合作指針〉（Guidelines for US-
Japan Defense Cooperation），美日在平時合作方面，包括加強情報交換與政策協
商，以及維和、裁軍、軍控、安全等方面的對話與合作；至於戰時的合作方面，則
提出所謂「周邊有事」時，美日將採取聯合軍事行動，而所謂「周邊有事」則強調
「事態性」（situational）而不是「地理性」（geographical），1999年通過的〈周
邊事態安全確保法〉，明確解釋周邊事態的定義，包括「某國發生內亂、內戰而擴
大為國際問題時」，周邊事態安全確保法在一定程度上排除了與美國建立軍事夥伴
關係的國內政治障礙，落實1997年通過的「美日防衛合作指針」。換句話說，由於
北韓核武危機以及中國試射飛彈所衍生的不確定情勢，美日同盟關係又必要進行調
整；而經過美日防衛合作指針的討論與修改後，美日同盟關係已經具有「區域性合
作」的質變，日本在亞太地區扮演區域安全的角色與功能也逐漸取代日本傳統上對
於安全保障政策所採取的「專守（自我）防衛」等基本原則。

　　1998年11月中國國家主席江澤民訪問日本，由於韓國金大中訪日期間，就歷史
問題上得到日本方面的「書面道歉」，再加上美國總統柯林頓於1998年6月訪問中
國時曾口頭表示「新三不」：不支持台灣獨立、不支持一中一台、不支持台灣加入
需要國家身分的國際組織，因此，中國方面也希望日方可以比照辦理。然而，小淵

惠三不但沒有附議柯林頓總統所表示的新三不，在歷史問題上也只有在口頭上表示道歉，中方對此無法接受，江澤民利用訪日的公開演說中提到日本的戰爭責任，卻引起日本輿論的批評。

1998年是〈中日和平友好條約〉締結30周年，江澤民以作爲中國國家主席的身分，於1998年11月訪問日本，並且發表〈中日聯合宣言〉，這是日本與中國之間第三個重要文件，前兩個重要文件分別是〈（1972年）中日聯合聲明〉（實現日本與中國的關係正常化）與〈（1978年）中日和平友好條約〉（從法律上鞏固了兩國關係的政治基礎）。

至於日本與中國在1998年所發表的〈關於建立致力於和平與發展的友好合作夥伴關係的聯合宣言〉（中日聯合宣言），對兩國面向21世紀加強在各領域的友好交流與合作做出了長遠的展望與全面規劃。雙方還簽署〈中日關於進一步發展青少年交流的框架合作計畫〉、〈中日面向21世紀的環境合作的聯合公報〉，以及〈中日關於在科學與產業技術領域開展交流與合作的協議〉。

1999年7月小淵惠三訪問中國，由於當時發生中國駐南斯拉夫大使館被美軍誤炸事件，中美關係惡化，小淵惠三在此次訪問過程中與中國達成協議，有助於日後中國加入世界貿易組織。

小淵惠三任內，由於1997年爆發東亞金融風暴，日本也利用這個機會強化與亞洲關係，特別是大藏大臣宮澤喜一於1998年10月3日在G7高峰會議上提出日本將支援亞洲300億美元的計畫，稱爲「新宮澤構想」。1999年11月，時任中國國務院總理朱鎔基、日本首相小淵惠三、南韓總統金大中在菲律賓出席東協與中日韓「10+3」領導人會議期間，舉行早餐會，啓動了三方在「10+3」框架內的合作。

二、森喜朗首相時期

與橋本龍太郎、小淵惠三同在1937年出生的森喜朗首相，2000年4月接任因腦中風倒下的小淵首相就任首相，由於受到輿論「自民黨內任命總裁的程序不夠透明」的批評，導致他在任期內的政權營運相當困難。然而在外交關係方面，森喜朗首相還是有所成就的，特別是日本與俄羅斯之間的外交關係。

　　從2000年4月到2001年3月的一年期間，森喜朗與俄羅斯總統普丁舉行了多達5次的高峰會議，包括2000年9月普丁正式訪問日本。這段期間，日本與俄羅斯進行的外交談判取得了進展。2001年3月25日日俄達成協議：（1）重新確認了規定交還齒舞、色丹的1956年日蘇聯合聲明，以及關於解決四島歸屬問題締結和平條約的1993年東京宣言等兩個重要文件；（2）普丁總統沒有拒絕森首相提出的把齒舞、色丹的協商與國後、擇捉的協商並行的提案；（3）對於並行協商一事，待會談後視雙方的準備情況盡快開始。

　　也就是說，在森喜朗首相任內，在對中國崛起的強烈共識下，日本沒有疏忽與美國的同盟關係；另一方面，雖說時有緊張局面出現，但強化與中國的務實關係的路線逐漸得以確立。而日本為了解決包括領土在內的問題，與俄羅斯的關係得到根本性的強化，並且重視與鄰國韓國的關係。

第二節　小淵內閣與森內閣時期日本對外關係的特質

　　這個時期，由於兩位首相受限於國內經濟因素與權力基礎，對外關係與對外政策並沒有出現結構性的變遷，延續過去的對美依隨的外交政策，並且持續與周邊國家維持友好關係。

　　其次，由於1997年亞洲金融危機的影響，在這個時期，日本也積極與東南亞國家建立經濟與金融合作關係，協助東亞國家脫離金融風暴的影響。

第三節　小淵內閣與森內閣時期日本對外關係所出現的爭議

　　日本的對外關係在這個階段所出現的最大爭議，就是中國國家主席江澤民首次以國家主席的身分訪問日本。原本中國希望藉由江澤民國家主席的身分，一方面促使日本小淵首相可以宣布類似美國柯林頓總統所發表的「（對台）新三不」聲明，一方面也敦促日本以書面方式來表達戰爭責任與歷史道歉，然而，小淵首相皆拒絕了，引起中國激烈的抗議；不過中日還是維持穩定的經貿關係。

第四節　小淵內閣與森內閣時期日本對外關係的意義

小淵內閣與森內閣的執政時期較短，可是對外關係的成果卻是相當豐富的，幾乎日本與周邊國家都維持友好的關係。

重要名詞解釋

新宮澤構想：1997年爆發東亞金融風暴，日本也利用這個機會強化與亞洲關係，大藏大臣宮澤喜一於1998年10月3日在G7高峰會議上提出日本將支援亞洲300億美元的計畫，稱爲「新宮澤構想」。

「北方領土」問題：位於太平洋西北部的千島群島向南延伸部分，俄羅斯稱爲「南千島群島」，包括國後島、擇捉島、齒舞群島、色丹島。第二次世界大戰後由俄羅斯實際控制，日本也主張擁有該四島的主權，日方稱該四島爲「北方領土」，要求俄羅斯歸還該島嶼。但是被拒絕。

中日三個重要文件：1998年是〈中日和平友好條約〉締結30周年，江澤民以作爲中國國家主席的身分，於1998年11月訪問日本，並且發表〈中日聯合宣言〉，這是日本與中國之間第三個重要文件，前兩個重要文件分別是〈（1972年）中日聯合聲明〉（實現日本與中國的關係正常化）與〈（1978年）中日和平友好條約〉（從法律上鞏固了兩國關係的政治基礎）。至於日本與中國在1998年所發表的〈中日聯合宣言〉（關於建立致力於和平與發展的友好合作夥伴關係的聯合宣言），對兩國面向21世紀加強在各領域的友好交流與合作做出了長遠的展望與全面規劃。

問題與討論

一、請問小淵內閣時期，爲何日本與韓國之間關係出現改善？

二、請問俄羅斯與日本之間，所謂「北方四島」的領土爭議是什麼？

三、請問日本與中國之間有所謂「三個重要文件」，其內容爲何？有何重要的時空背景因素？對中日關係有何重要的影響？

參考閱讀書目

五百旗頭眞編（2014）。《戰後日本外交史 第3版補訂版》。東京：有斐閣。

保阪正康、東郷和彦（2012）。《日本の領土問題 北方四島、竹島、尖閣諸島》。東京：角川書店。

第六章　小泉：對美追隨的反恐外交

吳明上

學習目標

一、說明何謂「九一一恐怖主義攻擊事件」。

二、探討日本的〈反恐特別措施法〉的成立過程。

三、瞭解日本對伊拉克人道復興的支援。

四、分析日本的歷史教科書問題。

五、探討日本與北韓的關係。

　　小泉純一郎以非派閥領袖的身分，於2011年4月24日舉行的自民黨總裁選舉，打敗前首相橋本龍太郎、麻生太郎、龜井靜香等黨內派閥領袖，當選自民黨第12任總裁，並於同月26日當選為第87任總理大臣，旋即組閣執政。然而，小泉首相上任後，未及五個月便發生了「九一一恐怖主義攻擊事件」（以下簡稱「九一一事件」）。此事件不僅對世界而言，對日本更是一件危機事件。

　　恐怖主義攻擊事件擺脫傳統的戰爭型態，既無「明言的」宣戰，亦無「可視的」正規軍交鋒，攻擊手段更是防不勝防，而受害者往往是平民百姓，可能無所不在的恐怖主義份子挑動世界各國的安全敏感神經；對日本而言，「九一一事件」被攻擊的是日本的同盟國，也是日本安全保障關係中最重要的國家。鑑於日本在1991年波斯灣戰爭中的外交失敗，現今日本如何因應「九一一事件」，成為重大的課題。

第一節　美國的反恐戰爭

一、「九一一恐怖主義攻擊事件」

美國於2001年9月11日發生多起恐怖主義份子的攻擊事件，是美國獨立戰爭以來最大規模的攻擊事件。事件開始於美東時間上午8點45分（台北時間晚上8點45分）左右，一架從波士頓飛往洛杉磯的美國航空客機遭到劫持，撞擊紐約曼哈頓島南端的世貿中心雙子星大樓的北棟大樓；18分鐘後，另一架從波士頓飛往洛杉磯的聯合航空客機也遭到劫持，撞向世貿中心的南棟大樓。南北兩棟大樓在大火燃燒下，同日上午10點左右相繼倒塌，聳立近三十年的紐約地標從此消失。不僅如此，華盛頓的國防部也受到劫持的聯合航空客機撞擊，一部分建築物倒塌並起火燃燒，另有一架遭劫持的客機墜毀於賓州匹茲堡附近，據聞該客機的目標有可能是大衛營、國會山莊或白宮。

恐怖主義攻擊事件發生後，共和黨、民主黨等兩黨領袖與國會議員一致要求布希政府採取必要措施，藉以平息民眾的沸騰情緒及遏止恐怖主義的攻擊。布希總統則公開宣示「九一一事件」是「戰爭行為」，並正式要求國會授權，准其「動用必要的武力，打擊恐怖主義」，國會也立即通過決議，授權布希總統得動用武力及一切必要手段。

而聯合國於事件爆發的隔天，安全理事會通過第1368號決議案，除了重申〈聯合國憲章〉的原則與宗旨外，並確認締約國依照〈聯合國憲章〉擁有單獨或集體自衛權的權利，同時表示準備採取一切必要步驟，對付「九一一事件」，並打擊一切形式的恐怖主義。緊接著，安全理事會為了根絕恐怖主義活動，更於同年9月28日通過第1373號決議案，明訂打擊資助恐怖主義活動的措施，呼籲聯合國會員國應將資助恐怖主義行為訂定為犯罪行為、凍結恐怖主義者的資產、禁止提供恐怖主義者任何的金融資產，以及締結防止資助恐怖主義等反恐相關條約。

二、日本政府的反應

日本政府鑑於1991年波斯灣戰爭的教訓，「九一一事件」發生後，日本政府立即於首相官邸、外務省，以及現地的駐美大使館設立對策本部，同時嚴厲譴責恐怖主義的攻擊行為，並對美國表示慰問之意。日本首相小泉純一郎於事件發生的隔日上午召開記者會，發表以下三點聲明：一是譴責恐怖主義的攻擊行為是極為卑劣的暴行，是對美國等民主主義社會的重大挑戰；第二是日本強力支持美國，決定不惜一切提供必要的協助與合作，期望不再發生此類事件；第三是召開全體閣員參與的安全保障會議，確實掌握國人的安危狀況、檢討國際緊急援助隊的派遣與即刻因應體制的確立、強化國內美國相關設施的警戒與警備、對國民提供充分的情報、與各國合作對付國際恐怖主義，以及採取必要的措施以迴避世界及日本的經濟系統陷入混亂。

小泉政權除了發表聲明譴責恐怖主義外，也積極推動相關立法程序，以利支援美國即將發動的反恐戰爭。然而，對於立法作為，防衛廳與外務省出現不同意見。防衛廳為了能夠迅速支援，認為另訂新法曠日廢時，主張沿用既有的〈周邊事態法〉；而外務省則主張另訂新法以為因應，主要的理由有二：一是將中東地區視為日本的周邊太過牽強，二是假若美國發動報復性的軍事攻擊，則將出現大規模的物資調度、運輸，以及傷病治療等需求，而既有的〈周邊事態法〉對於公共團體與民間的動員僅止於「要求合作」，恐無法滿足上述的需求。最後在小泉首相的主導與決斷下，決定另訂新法〈反恐特別措施法〉以為因應。

小泉首相首先取得執政聯盟公明黨與保守黨的支持，接著向在野黨進行說明，最後在自民黨政務調查會與自民黨總務會進行說明並取得同意。值得一提的是，小泉首相主導的決策過程打破既往自民黨的「事前審查」模式，充分表現出小泉首相在決策上的主導權。

小泉首相預定於9月23日到25日前往美國訪問，而於訪美前夕的9月19日發表對美軍的三項支援措施：一為對美軍等外國軍隊提供支援活動，二為協助救助與搜救在戰鬥中受傷與失蹤的戰鬥人員，三為協助救援受戰爭波及的災民。其中，對美軍提供的支援內容包含以下七項：一為燃料、水、伙食的補給，二為人員與物品的運送，三為維修及整備，四為傷病者的醫療及衛生設備的提供，五為對航空機起降

及船舶出入港的支援，六為通訊設備的利用，七為廢棄物的蒐集、處理、供給電力等基地業務。小泉首相與布希總統舉行高峰會時，小泉首相除了表示強力支持美國的反恐戰爭外，也表示日本正在訂定新法律，以便能夠派遣自衛隊支援美國的反恐戰爭，布希總統則表示感謝與肯定。

三、〈反恐特別措施法〉的成立

　　小泉首相返國後，立即於10月5日的內閣會議通過〈反恐特別措施法〉，同時送交國會審議。小泉首相更於同月9日成立眾議院反恐特別委員會，並任命加藤紘一為委員長，以利法案的審查。加藤紘一當選十二次眾議員，是資深的自民黨政治家，不僅是小泉首相的政治盟友，更擔任過防衛廳長官、內閣官房長官，以及自民黨的政務調查會長、幹事長。加藤紘一的經歷不僅具有防衛政策的背景，更具有政策協調的能力。

　　就在日本國會審查〈反恐特別措施法〉時，以美國為首的聯軍於10月7日開始對阿富汗的塔利班政權及蓋達組織（或稱為基地組織）進行空襲行動，開啓了反恐戰爭的序幕。

　　〈反恐特別措施法〉在小泉首相的積極主導下，分別於10月18日與10月29日在眾議院與參議院通過後，法案正式成立。該法案從向國會提出到成立，僅耗時二十四日，立法時程異常快速。派遣自衛隊前往海外執行任務的法源有三，一為1992年6月15日的〈聯合國維持和平活動法〉（簡稱PKO法），二是1999年5月24日的〈周邊事態法〉，三是〈反恐特別措施法〉。從法案向國會提出到成立的時間來看，〈PKO法〉耗時九個月，〈周邊事態法〉花了二個月，而〈反恐特別措施法〉歷時不到四周，足見小泉首相的政治手法與對美國支持的積極度。

表6-1　自衛隊海外活動的法源一覽表

	後勤支援	國際和平合作	國人運送	活動範圍
自衛隊法 （1954年）	——	——	緊急時自衛隊機運送國人、外國人	基本上以日本領域爲限。海外的國人運送則需在確保安全下進行。
PKO法 （1992年）	——	災民的支援		他國領域。前提爲紛爭當事國有停戰協議。
周邊事態法 （1999年）	補給以外之武器、彈藥之運輸	——	——	原則上以日本領域、公海及其上空的非戰鬥區爲限。
反恐特別措施法 （2001年）	補給以外之武器、彈藥之運輸（包含海上運輸）	——	得以自衛隊機運送國人、外國人	無戰鬥行爲之公海及其上空。接受國同意之其領土、領海。

　　爲何〈反恐特別措施法〉的成立如此快速？除了小泉首相的主導外，還有以下四個因素：一是政策制定相關者的危機感。波斯灣戰爭時，日本提供130億美金的援助，卻被批評「太少又太慢」、「一國繁榮主義」，早稻田大學教授手島龍一更將日本在波斯灣戰爭的作爲評爲「外交的敗戰」。外務省綜合政策局長谷內正太郎直言指出，日本對美國反恐戰爭的因應是美日同盟的試金石，如果波斯灣戰爭是美日同盟的第一次測驗，則美國的反恐戰爭是期末測驗。二是日本國民支持美國的軍事行動，也支持日本對美國的支援。根據《讀賣新聞》於10月30日的調查顯示，83%的民眾支持美國的軍事行動，《每日新聞》於9月24日的調查結果中，也有63%的民眾贊成派遣自衛隊向美軍提供後勤支援。三是小泉政權的高支持度。小泉政權成立後，到〈反恐特別措施法〉成立時，內閣支持度未曾低於70%，維持著高度的民意支持度。四是〈PKO法〉與〈周邊事態法〉提供了立法的基礎，特別是「活動內容」或「實施區域」的問題上，因爲已經有了上述二法案的立法過程與基礎，容易建立朝野的共識。〈反恐特別措施法〉從國會審查開始即表示反對的僅有共產黨與社會黨，民主黨並不反對派遣自衛隊，只是民主黨堅持自衛隊的派遣需「國會的事前承認」而與執政黨對立，致使表決時投下反對票。

　　根據〈反恐別措施法〉的規定，日本得對正在進行反恐戰爭的美軍提供後勤支援，主要的任務內容有三：一爲海上自衛隊的補給艦在印度洋、阿拉伯海對美軍艦艇等進行燃料的補給；二爲航空自衛隊的運輸機在駐日美軍基地與關島等美軍海外

基地之間，協助運送物資與士兵；三為協助美軍的搜索救難活動。法律有效期限為二年，得以延長。在實際作為上，日本政府從2001年12月到2003年6月的期間，總共出動了三艘補給艦、十九艘護衛艦，對美國、英國、德國、法國、加拿大、西班牙、希臘、義大利、荷蘭、紐西蘭等參加反恐戰爭的國家進行總計265次的海上加油作業，提供了31萬2000公秉的油料。航空自衛隊也在駐日美軍基地與關島等美國海外基地之間協助運補物資的任務，海上自衛隊的神盾級護衛艦也協助英美聯軍蒐集軍事情報。

第二節　伊拉克人道復興支援

美國對阿富汗塔利班政權發動攻擊的二個月後，順利推翻了塔利班政權。緊接著，美國開始策劃攻擊伊拉克的海珊政權，其主要理由有二：一是美國認為伊拉克是恐怖主義活動的支持者，第二是美國認為伊拉克擁有大量的核生化武器，加上伊拉克海珊政權的擴張野心，恐破壞中東的權力平衡狀態，進而影響美國的國家利益。

英美聯軍在無聯合國決議的依據下，於2003年3月20日開始逕行對伊拉克進行軍事攻擊，同年4月9日便攻陷了伊拉克首都巴格達，並著手進行政治重建工作，美國總統布希更於5月1日宣布戰爭結束。

在英美聯軍展開武裝攻擊時，日本政府便已經開始討論對美國的支援措施。日本政府決定另訂新法律，因為既有的法律無法適用於支援美國的伊拉克戰爭。例如，〈PKO法〉規定自衛隊的派遣必須以「和平協議」的存在為前提，美國總統布希雖然宣布戰爭結束，但是伊拉克總統海珊正逃亡中，而且海珊所屬的軍隊亦對英美聯軍展開游擊戰鬥，並未進入和平狀態，更無和平協議的存在。而〈反恐特別措施法〉則在制訂之際，已經規定法律的適用僅限於對付恐怖主義，並不適用於伊拉克的情況。而且英美聯軍對伊拉克的攻擊並無聯合國決議的依據，換言之，伊拉克戰爭屬於英美兩國的個別行為，加上伊拉克擁有大量殺傷性核生化武器的證據不明確，因此日本政府無法如同阿富汗戰爭一般，支援英美聯軍的伊拉克戰爭。美國亦瞭解日本政府的考量，要求日本政府在伊拉克戰爭結束後，能夠派自衛隊協助戰後的復興工作。

　　小泉內閣在6月13日的內閣會議通過伊拉克復興支援法案後，立即向國會提出審查，並於7月26日正式通過成立。該法律爲有效期限4年的限時法案。日本政府（安倍晉三第一次政權）於2007年3月的內閣會議決議將有效期限延長2年，2009年7月有效期限結束時，該法案同時失效。該法案有效期間，日本政府派出陸上自衛隊、海上自衛隊、航空自衛隊進行相關的人道、復興支援活動。

第三節　日本與中國、韓國關係的波折

　　小泉首相於2001年4月26日在就任首相的演講中表示，在外交方面要以美日關係爲基礎，同時謀求與鄰國加強友好關係或改善關係。而且，小泉首相在內閣人事布局上，任命親中的田中眞紀子擔任外務大臣，顯示重視中日關係的改善。田中眞紀子是1972年9月28日中日建交時日本首相田中角榮之長女。但是，另外一方面，小泉首相在競選自民黨總裁時或就任首相後，均多次提及有關教科書及參拜靖國神社等諸多談話，引起中國、韓國等鄰國的抗議，日本與周邊國家的關係並未明顯好轉。

一、歷史教科書問題

　　日本的國高中歷史教科書對日本於第二次世界大戰期間，在亞洲的侵略及殖民地政策的作爲，是否有扭曲或美化的不實記載，向來是日本與中國、韓國之間的爭論點，中國將日本的歷史教科書記載的問題稱爲「歷史認識問題」，韓國則稱爲「歷史扭曲問題」。

　　2001年4月由「新歷史教科書編撰會（新しい歷史教科書をつくる会）」（會長：西尾幹二）制定、扶桑社出版的《中學社會：歷史教科書》（執筆代表：西尾幹二）通過文部省檢定，但是該書對於「從軍慰安婦」、「燼滅作戰（亦即中國說所謂的「殺光、搶光、燒光」的「三光作戰」）」、「七三一部隊（細菌戰研中心）」等記述大幅減少，有將日本對朝鮮半島的殖民與對中國的侵略加以正當化的疑慮，引發國內外的批判。國內方面，例如，日本著名作家大江健三郎（1994年

諾貝爾文學獎得主）、歷史學者茨城大學名譽教授荒井信一、東京大學名譽教授和田春樹、京都大學教授水野直樹等便指出，西尾幹二執筆的《中學社會：歷史教科書》過於美化日本過去的歷史，使日本人過於自負，也違反「村山談話」中所表示的「對於侵略與殖民地支配所帶來的損害與痛苦，日本政府反省與謝罪的立場」。

對日本的歷史教科書問題，韓國的國會議員，甚至韓國總統金大中也致信日本首相表示：「如果良好的日韓關係因為歷史教科書問題而受到損害，是非常遺憾的。韓國政府強烈希望日本政府採取積極且有誠意的措施，以利儘快解決此問題」。中國外交部也向駐中國公使要求日本政府應採取有效措施，糾正日本右翼歷史教科書的嚴重錯誤。

二、參拜靖國神社

日本的歷史教科書問題出現後不久，又發生小泉首相前往靖國神社參拜的外交紛爭。小泉首相在競選自民黨總裁時，便針對記者提出的「若是成為首相，是否會於8月15日（終戰紀念日）以首相的身分參拜靖國神社？」問題表示，身為一個政治家，對那些為日本作戰而犧牲寶貴生命的戰死者們，理當向他們的貢獻表達誠摯的敬意與感謝。如果成為首相，無論受到怎樣的批判，都一定要在8月15日當天去參拜。小泉純一郎以壓倒性的勝利當選自民黨總裁，並取得首相寶座進而組閣執政後，參拜靖國神社成為內政外交上的關注焦點。

「靖國神社」位於東京都千代田區，原依據明治天皇於1869年的指示，為了祭祀戊辰戰爭陣亡將士而建造的神社，當初名為「東京招魂社」，後來明治天皇於1979年以中國歷史典籍《春秋左傳》之「吾以靖國也」之典故，改名為「靖國神社」迄今。事實上，戰後以來，日本首相參拜靖國神社並未受到關切；甚至靖國神社從1978年10月開始供奉第二次世界大戰甲級戰犯的亡靈（牌位）後，首相前往參拜也未受到嚴重的批判。

首相參拜靖國神社受到強烈的批判是從1985年開始的。既往首相參拜時，為了遵守日本國憲法對「政教分離」的規定，僅一鞠躬而未進行消災解厄的儀式或供花。但是，當時的首相中曾根康弘於1985年8月15日（終戰40週年紀念日），以首

相的身分，率領十八位內閣成員前往參拜，並以公費三萬日幣支付「供花料」。而中曾根首相前往參拜的前一年，亦即1984年8月成立了「關於閣僚正式參拜靖國神社懇談會」（閣僚の靖国神社公式参拝に関する懇談会），研究首相參拜靖國神社與憲法的關係。該懇談會於1985年8月9日提出報告書。該報告書指出，首相正式參拜靖國神社不僅不違憲，而且是合憲的行為。該報告書的論述於翌日受到《朝日新聞》的批判外，自民黨的非主流勢力、在野黨的社會黨、共產黨也相繼批判首相的參拜行為是違憲行為。而中國、韓國、東南亞等國則相繼批判日本首相參拜靖國神社是日本軍國主義復甦、將戰爭正當化、企圖免除過去戰爭所犯的罪刑等。

　　小泉首相執政後，雖然未如競選期間所言的於「終戰紀念日」前往，而是提前於8月13日在秘書的隨行下以公用車前往，並以「內閣總理大臣小泉純一郎」之名登記，同時以私人名義繳納三萬日幣做為供花費用。但是，小泉的參拜行為引發中國、韓國等國的譴責。中國發表聲明表示，小泉首相執意參拜供奉有甲級戰犯的靖國神社，損害了中日關係的政治基礎，傷害了中國人民及和亞洲廣大受害國人民的感情，也勢將影響中日關係的健康發展。而韓國的外交通商部發表聲明表示，小泉不顧韓國政府的多次表示憂慮，以及不顧國內的反對意見，執意參拜象徵日本軍國主義的靖國神社，韓國政府對此表示嚴重的遺憾；聯合執政的新千年民主黨（簡稱民主黨）和自由民主聯盟（簡稱自民聯）也發表聲明強烈譴責小泉首相參拜的行為。

　　翌（2002）年4月21日小泉首相再度前往靖國神社參拜，也再度引發中韓兩國的抗議與譴責。（實際上，小泉首相就任首相期間，每年都前往靖國神社參拜）接著，同年5月8日發生「瀋陽總領事館事件」，嚴重衝擊到中日兩國的外交關係。北韓逃亡者金高哲一家五口逃到中國瀋陽市，而且實際上已經進入日本的駐瀋陽總領事館，卻遭到中國人民武裝警察部隊侵入總領事館，將該五人逮捕帶出。在國際法的規範下，外交代表機構應享有「治外法權」（extraterritorial jurisdiction），不受當地國法律的管轄，中國的行為嚴重侵犯了日本的主權。

　　雖然小泉首相上台後，於2001年10月8日進行為期一天的中國訪問，並與中國國家主席江澤民及總理朱鎔基會談，小泉首相也表示要反省過去的歷史，做為日本首相要改善中日關係。但是，在上述事件的影響下，中國拒絕小泉首相出席於2002年9月22日在北京舉行的「中日建交三十週年紀念典禮」，中日關係降到冰點。日

表6-2　小泉首相在職期間參拜靖國神社一覽表

首相就任期間	2001年4月26日～2006年9月26日
第一次參拜	2001年 8 月13日
第二次參拜	2002年 4 月21日
第三次參拜	2003年 1 月14日
第四次參拜	2004年 1 月 1 日
第五次參拜	2005年10月17日
第六次參拜	2006年 8 月15日

本前來參加紀念典禮的訪問團成員多達13,000名，其中包含85名的國會議員，而日本首相卻未受邀，在外交關係上實屬異常。

第四節　小泉首相訪問北韓

北韓是聯合國會員國中唯一尚未與日本建立邦交的國家。日本與北韓雖從1991年開始進行建交談判，但是兩國間存在著「北韓綁架日本人事件」以及北韓開發核武等涉及安全保障的重大議題，使得建交談判過程一直不順利。

小泉首相於2002年9月17日前往北韓進行為期一天的訪問，成為首位訪問北韓的日本首相。訪問期間，小泉首相與北韓領導人金正日就兩國關係進行會談，並且發表了〈日朝平壤宣言〉。關於北韓綁架日本人問題方面，日朝首腦會談時，金正日承認北韓於1970年代、1980年代綁架了13名日本人，並對此綁架事件道歉。同時，金正日也保證不再發生可疑船隻進入日本領海事件。而關於安全保障問題方面，金正日也表示，將促進雙方與相關國家間的對話，同意遵守所有以全面解決朝鮮半島核子問題為目的的相關國際協議，並依照宣言的精神，2003年以後持續凍結彈道飛彈的發射。小泉首相首度訪問北韓後，兩國的關係出現了改善的跡象。

基於〈日朝平壤宣言〉，日本於2002年9月28日與同年10月1日，二度派遣「北韓綁架日本人事件調查團」進入北韓展開調查，包含聽取北韓當局的說明，以掌握生存者或死亡者及其親屬的狀況。在日本的外交努力下，同年10月15日，5名

被綁架的日本人返回日本探親，最後依照本人的意思留在日本，並未依照約定返回北韓，替「北韓綁架日本人事件」的處理留下不安定的因素。日本政府進一步要求北韓允許在北韓的這5名日本人的親屬來日本與其團聚，但是遭到北韓的拒絕。

此外，日朝首腦會談時，一致同意依據〈日朝平壤宣言〉，為了討論安全保障的問題，預定於同年11月舉行日朝安全保障協議與日朝建交正式談判。但是，美國助理國務卿凱瑞（James A. Kelly）於同年10月訪問北韓時，北韓承認並未凍結核武發展計畫，舉世譁然，北韓的核武開發不僅對亞太地區，甚至對世界局勢均造成安全保障上的危機，同時也影響了日朝安全保障協議與日朝建交正式談判的舉行。

小泉首相於2004年5月22日第二度訪問北韓，首相專機於當天上午9點15分抵達平壤。小泉首相與北韓領導人金正日舉行了90分鐘的會談，重申2002年〈日朝平壤宣言〉的重要性外，北韓同意以下事項：一是釋放五名曾被綁架日本人的其中五名家屬（此五名家屬稍後搭乘日本政府事先準備的專機，隨首相專機飛抵日本東京）；二是北韓承諾繼續暫停試射彈道飛彈；三是北韓承諾推動朝鮮半島非核化，並繼續尋求六方會談和平解決危機。而日本則答應只要北韓遵守〈日朝平壤宣言〉，便不對北韓發動經濟制裁，同時，日本提供25萬頓糧食與1000萬美金的藥品，做為「人道援助」。同時，雙方同意恢復關係正常化的正式會談，但未決定日期。

小泉首相的第二次訪問北韓，被認為是為了拉抬因年金未加入問題而下降的內閣支持度，企圖藉由接回被綁架日本人的家屬，創造「驚奇效果」。從民意調查顯示，小泉首相達到某種程度的效果。依據《朝日新聞》於小泉首相訪問北韓結束後的隔天，亦即23日進行的民意調查結果顯示，67%肯定這次的北韓訪問，而內閣支持度從45%上升為54%。

重要名詞解釋

事前審查：所謂的「事前審查」是指，法案在向國會提出前，先在自民黨內部的各相關部會審議，通過之後再送到政務調查會審議，緊接著是總務會，總務會通過之後內閣才開始進行法案的起草作業。而法案草案完成之後，先送事務次官會議審查，通過之後才送交內閣會議背書，因為內閣會議未曾修改過事務次官會議通過的草案。

內閣會議通過之後，才送交國會審查，進入所謂的三讀三審程序。簡言之，法案在向國會提出前，必須依序經過自民黨內部的相關部會、政務調查會、總務會的審查通過（全體一致），是謂「事前審查」。「事前審查」在1962年的自民黨總務會長赤城宗德確立以來，便成爲慣例。

賓拉登：奧薩瑪‧賓‧拉登，西方媒體稱爲Osama bin Laden。賓拉登於1957年3月出生於沙烏地阿拉伯的首都利雅德。賓拉登被美國指控爲1998年美國大使館爆炸案與2001年「九一一事件」的幕後主謀，名列聯邦調查局十大通緝要犯，逃亡期間，美國衆議院於2004年3月一致通過決議，將提供線索導致賓拉登被捕的獎金從2500萬美元倍增爲5000萬美元。美國總統歐巴馬於2011年5月2日發表聲明指出，美國的海軍海豹部隊第六分隊已經於巴基斯坦擊斃賓拉登，其屍體於次日海葬於北阿拉伯海。

2012年12月上映的美國電影《00:30凌晨密令》（Zero Dark Thirty）便是依據海豹部隊擊斃賓拉登的史實拍攝而成的電影，英文片名「Zero Dark Thirty」是美國軍事術語，代表黑夜時刻，亦指凌晨12點30分的暗夜時分。

海珊：薩達姆‧海珊，西方媒體稱爲Saddam Hussein。從1979年至2003年任伊拉克總統、伊拉克總理、伊拉克最高軍事將領、伊拉克革命指揮委員會主席與伊拉克復興黨總書記等職。海珊政權在伊拉克戰爭中被推翻，海珊開始逃亡，2003年12月13日被美軍逮捕，後經伊拉克法庭審判，於2006年11月5日判處絞刑，同年12月30日執行，行刑當天是伊斯蘭最神聖節日宰牲節的第一天，此一舉動引起阿拉伯世界不滿。處行後隔天，海珊的遺體葬在出生地奧賈村。

周邊事態法：規範日本的領域及其周邊發生事態時，日本如何因應的法律。適用的範圍是「日本的領域及其周邊地區」。「周邊事態」是指在日本的周邊地區發生對日本的和平與安全有重大影響之事態。適用的範圍是「日本的領域及其周邊地區」。最受爭議的是何謂「日本的周邊地區」？日本政府指出，所謂的「周邊」不是地理性的概念，而是依據事態的性質而定。某事態發生時，是否適用「周邊」事態之規範，則視美日兩國全盤性地考量該事態的狀況與規模來自主性地判斷。因此，「周邊事態」無法以地理的概念來劃分。

周邊事態法是落實〈美日安保共同宣言〉的法律。〈美日安保共同宣言〉是1996年4月美國總統柯林頓訪日時，與日本首相橋本龍太郎舉行高峰會談後的共識宣言。該宣言主要是針對冷戰結束後的美日安保關係進行再定義，該宣言將美日安保體制的範圍從以往的遠東地區擴大到亞太地區。也正因爲如此，加上〈美日安保共同宣言〉發表前，大陸因我國舉行首次總統民選而掀起台海危機，造成亞太地區安全保

障的震盪，所以「周邊地區」有無包含台灣在內，也成為爭議的焦點。

新歷史教科書編撰會（新しい歴史教科書をつくる会）：1996年成立的社會運動團體，受到部分政界與地方議會的支持。第一任會長是西尾幹二。該會認為戰後的歷史教育忘記了日本人應該繼承的文化與傳統，失去了做為日本人的驕傲。該會強力主張以往的歷史教科書如同舊敵國的宣傳一般記載了慰安婦、侵略的行為，應該要擺脫這樣的「自虐史觀」，重新找回做為日本人的信心與責任。該會對於歷史的觀點引發諸多的批判。該會曾於2001年、2005年、2009年、2011年制定中學的歷史與公民的教科書，前二者是由扶桑社出版，後二者是由自由社出版。該會編定的教科書被採用的比例方面，2001年的歷史教科書是0.039%，公民是0.055%。

日本規定小學、國中、高中在課堂上有使用教科書的義務，而教科書是由多個民間出版社編定，而非國家或地方政府統一編定。編定完成的教科書接受文部科學省的審定，審定合格後得做為國小、國中、高中的教科書。學校如何決定採用哪家出版社的教科書呢？私立小學、私立國中以及高中由學校自行選擇，而都道府縣立以及市町村立小學、國中則由各地方自治體教育委員會選定。

村山談話：是指1995年8月15日（日本戰敗五十週年紀念日）當時日本首相村山富市（社會黨）發表的談話。村山首相表示：正當戰後五十週年之際，我們應該銘記在心的是思考過去、從歷史教訓中學習，同時展望未來，不要走錯人類社會邁向和平繁榮的道路。我國在不久之前的一段時間，國家政策錯誤，走向戰爭之路，使國民陷入存亡危機，採取殖民與侵略政策，導致許多國家，特別是對亞洲各國的人民帶來巨大的損害與痛苦。為了避免未來的錯誤，我謹謙虛地、毫無疑問地對待這一個歷史事實，在此表示深刻的反省與由衷的歉意。同時，向在這段歷史中犧牲的國內外人士表示沈痛的哀悼之意。

村山首相反省第二次世界大戰期間的侵略與殖民政策，獲得中國、韓國等亞洲國家的肯定。（「村山談話」的中英日文版請參酌日本外務省網站：http://www.mofa.go.jp/mofaj/press/danwa/07/dmu_0815.html）

北韓綁架日本人事件：是指北韓於1970年代到1980年代綁架日本人的國際性犯罪事件。日本政府認定被綁架的日本人有17名，而北韓僅認定13名。北韓一直否認是其所為，直到2002年9月17日日本首相訪問北韓時，北韓領導人金正日才承認為北韓所為，除了道歉外並承諾不再發生類似行為。北韓為何綁架日本人？其理由具信是為了蒐集情報，北韓綁架日本人後，讓其教授情報人員日語以及日本人的生活習慣，以利赴日蒐集必要的情報。

問題與討論

一、恐怖主義活動與傳統的戰爭型態有何不同？

二、何謂「九一一恐怖主義攻擊事件」？

三、美國對「九一一恐怖主義攻擊事件」採取何種因應對策？

四、小泉首相如何支援美國的反恐戰爭？

五、日本首相參拜靖國神社爲何會受到中國、韓國的批判？

六、何謂「村山談話」？

七、北韓爲何要綁架日本人呢？

參考閱讀書目

飯島勳（2007）。《実録小泉外交》。東京：日本経済新聞出版社。

読売新聞政治部（2005）。《外交を喧嘩にした男：小泉外交2000日の眞実》。東京：新潮社。

大嶽秀夫（2006）。《小泉純一郎 ポピュリズムの研究：その戦略と手法》。東京：東洋経済新報社。

大治朋子（2012）。《勝てないアメリカ：対テロ戦争の日常》。東京：岩波書店。

五百旗頭眞（2008）。《日米関係史》。東京：有斐閣。

五百旗頭眞編（2014）。《戦後日本外交史 第3版補訂版》。東京：有斐閣。

Edward W. Said著、閻紀宇譯（2002）。《遮蔽的伊斯蘭：西方媒體眼下的穆斯林世界》。台北：立緒出版社。

行政院研究發展考核委員會（2003）。《九一一事件後美國與兩岸安全策略之研究》。台北：行政院研究發展考核委員會。

第七章 第一次安倍、福田、麻生：對美追隨外交的調整

楊鈞池

學習目標

一、瞭解第一次安倍晉三內閣、福田康夫內閣與麻生太郎內閣時期日本外交政策的重點內容。

二、歸納第一次安倍晉三內閣、福田康夫內閣與麻生太郎內閣時期日本對外關係的特質。

三、說明第一次安倍晉三內閣、福田康夫內閣與麻生太郎內閣時期日本對外關係所出現的爭議。

四、分析第一次安倍晉三內閣、福田康夫內閣與麻生太郎內閣時期日本對外關係的意義。

第一節　第一次安倍晉三內閣、福田康夫內閣與麻生太郎內閣時期日本外交政策的重點內容

一、第一次安倍首相時期

　　小泉純一郎首相宣布辭職後，繼任者是安倍晉三，他是日本第一位出生在1945年以後的首相，剛選上首相時也是日本二戰以來最年輕就擔任首相者，再加上安倍晉三的外祖父是岸信介首相，外叔公是佐藤榮作首相，因此，當時的安倍晉三普遍被認為是一位相當稱職的首相人選，甚至有可能成為一位任期較長的首相。

　　安倍晉三首相曾經在2004年發表一本書《邁向美麗國度》，書中提出了安倍晉三的政治主張，他自認為自己的政策主張是「開放的保守主義」，在安全政策上

更注重強大國防力量，積極致力修改日本憲法，以提升自衛隊的地位。在對外關係上，安倍晉三不僅肯定美國所代表的普世價值，並且強調美日同盟的重要性，甚至在書中也明白表達他對北京當局縱容反日的厭惡，他也提出了未來由美、日、印、澳共同建立同盟的願景。

不過，安倍晉三上任後，為了改善在小泉時期因為參拜靖國神社而帶來的外交問題，安倍晉三在2006年10月8日進行首次出訪，而且一改歷任內閣總理大臣的出國方式，首站訪問中國而非美國。安倍晉三訪問中國，並且與中國發表聯合公報，公報中提到中日將建構「戰略性互惠關係」。2006年12月，中日歷史共同研究會第一次在北京舉行。

安倍晉三首相訪問中國後，中日關係出現相當友好的互動。2007年4月中國溫家寶總理訪問日本，發表〈中日聯合新聞公報〉，啓動經濟高層對話機制。同年12月日本新任首相福田康夫訪問中國，舉行首次中日高層經濟對話，高村正彥外務大臣等相關內閣成員訪問中國，與中國相關部長舉行會議。2007年12月公布的資料顯示，中日貿易總額（2367億美元，對香港貿易除外）首次超過美日貿易總額（2142億美元）。2008年3月第一次中日湄政策對話在北京舉行，就應建立日本、中國、湄公河地區三方共贏的互惠關係達成共識。2008年5月，中國國家主席胡錦濤訪問日本，發表「關於全面推進戰略互惠關係」的〈中日聯合聲明〉。同年7月中國國家主席胡錦濤訪問日本，出席北海道洞爺湖G7高峰會議。同年8月日本首相福田康夫訪問中國，出席北京奧運會開幕式。同年10月日本麻生太郎首相訪問中國，出席東亞高峰會（ASEM）以及簽署「中日和平友好條約30周年」紀念招待會。同年12月中國溫家寶總理訪問日本長崎，出席中日韓高峰會議。2009年4月日本麻生太郎首相訪問中國。

安倍內閣時期的外相麻生太郎於2006年11月30日發表演說，表示日本外交政策除了在美日同盟、國際協調、重視亞洲鄰近國家等三大支柱之外，再加上「價值觀外交」與「自由與繁榮之弧」。

麻生太郎前外相在2006年11月30日的演講中提到了「民主主義、自由、人權、法的統治、市場價值」等「普世價值」，並表示「在外交中將對其加倍重視」。麻生前外相將「價值觀外交」與「自由與繁榮之弧」作為日本外交的新基軸，即作為「第四個支柱」。他在演講中提到，在尊重和重視自由與民主主義、人權與法治

上，我們是決不落後於他人的。這也顯示在安倍晉三政權下，日本外交向重視價值觀的方向做出了重大轉變。

然而，2007年9月福田康夫接替了安倍晉三的首相一職之後，出現了大幅後退趨勢。福田外交認為，即便是為了修復在小泉政權下因參拜靖國神社問題而惡化的中日關係，也應將亞洲外交定位到外交基軸的位置，與美日同盟形成兩個車輪的「共鳴外交」相提並論。在這種情況下，為了加強與政治體制相異、在普世價值上存在諸多不同爭論的對中關係，有必要抑制「價值觀外交」。2008年麻生太郎擔任首相後，曾經說過「自由與繁榮之弧」的麻生首相，也不再多用這一外交理念，而是謹慎地專致於以往的外交形式。

二、福田康夫首相時期

安倍晉三首相突然宣布辭職，執政黨的自民黨選出前官房長官福田康夫繼任新總裁，並成為新首相。上任時已經71歲的福田康夫是日本已故前首相福田赳夫的長子，他曾在2006年6月延續其父〈福田主義〉的主張，發表〈新福田主義〉。他擷取〈福田主義〉中「心與心的交流」作為外交政策的基礎，加強日本與東南亞國家的外交關係，期望能夠達到建立東亞共同體的目標。

〈福田主義〉是福田赳夫擔任日本首相期間，在馬尼拉提出對東南亞外交的三個原則，即：日本絕不成為軍事大國，要為世界和平與繁榮奉獻；建立心與心交流的信賴關係；以對等立場為東亞和平與繁榮貢獻己力，日後被稱為〈福田三原則〉或〈福田主義〉。福田康夫首相則延續父親的政策主張，意味著從小泉以來的日本自民黨政府外交政策出現部分的轉折，也就是對亞洲國家採取比較和緩與妥協的立場，正如福田康夫首相在首次內閣會議表示，將推動日本繼續與亞洲鄰國改善關係，並於2007年底及2008年初分別訪問美國及中共，展現外交上的積極企圖。

福田康夫首相想要改善外交關係的對象，主要是中國及南韓，因此，福田康夫任內不去參拜靖國神社。至於日本與美國關係則維持同盟關係，福田康夫採取對中國與南韓較為和緩的立場，並不意味著日本與美國間的同盟合作關係受到衝擊。基於地緣戰略的利益，日本仍持續與美國維持同盟合作關係，以美日同盟和國際合作

為基調，同時積極推進亞洲區域安全與其他領域的合作。

對於北韓核武問題，日本則將在確保朝鮮半島無核化為目標下，持續積極參與解決此項議題的合作機制；另對於日本堅持已久的人質問題，仍會成為日本積極與北韓對話協商的重要議題，但也可能成為日本與北韓間提升雙邊關係的重大障礙。

至於攸關日本與美國軍事與安全合作的〈反恐特別措施法〉，雖然遭到日本在野黨的杯葛，但福田基於維護黨的重大政策及戰略利益考量，不至於放棄立法，持續以更柔軟身段爭取更多支持。

與前任的安倍晉三相比較，福田康夫首相在外交政策方面，更重視多國間的政策協調，但是也有論者批評，福田康夫首相過度重視他國的想法，而失去全方位外交的特色。

福田康夫首相的外交政策理念，分別表現在2006年4月25日的演講以及2008年5月22日的演講，主要是以前首相福田赳夫〈福田主義〉為基礎，提出新的亞洲政策，主要有5個基本的外交理念，分別是：堅決支持東協共同體的實現、強化美日同盟、致力作為和平協力國家、培育與強化知識的世代交流、處理全球氣候變遷。

福田康夫首相基於日本在全球外交與經濟的微薄存在感，特別邀請以五百旗頭真教授為會議主席，成立「外交政策研究會」（日文稱為「外交政策勉強會」），該研究會還邀請岡本行夫、小此木政夫、北岡伸一、谷野作太郎、渡邊修等小泉首相時期「對外關係タスクフォース」的成員，提供福田康夫首相在外交政策上的諮詢。

三、麻生太郎首相時期

曾在小泉純一郎和安倍晉三內閣擔任要職的麻生太郎於2008年9月24日成為日本第92屆首相。麻生是日本唯一正式留學英美的首相，他接任首相時，剛好是全球性金融風暴的緊急時刻，日本國民自然對這位超人氣政治家寄予厚望。

由於政壇經歷豐富的麻生太郎曾經擔任外務大臣，他的外交政策一直十分鮮明。2006年3月13日，《華爾街日報》刊出麻生的文章〈日本期待中共走向民主主

義〉，文中提到民主主義已經是亞洲國家認同的政治價值，惟有中共走向自由民主，才有可能與日本建立真正友好的雙邊關係。麻生在同年11月更發表「構築自由與繁榮之弧」的外交新思維，麻生認為從東南亞經中亞到東歐與中歐的這條包圍歐亞大陸弧線，擁有與日本相同的民主價值觀。這個說法被認為其實是一條「圍堵中共」的弧線，與美國國防部長倫斯斐提出的美、日、印結盟構想異曲同工。2008年9月24日麻生太郎首相在首次施政國會演說中，再次強調民主價值觀與美日同盟的重要性，並希望與中共、韓國和俄羅斯等亞洲太平洋各國建構區域性的安定與繁榮，這種重視自由民主的外交觀點，將有助於穩定東亞和平與台海局勢。

價值外交，日本做為非歐美圈的價值先驅者，致力於領導從東北亞，經過東南亞、印度、中東、中亞細亞，到中、東歐的弧線上所有國家，推動共同的價值觀，貢獻於該弧線的整體區域全體國家的經濟繁榮，而這樣的經濟與安全結果也是日本的國家利益。所謂的自由與繁榮之弧。這是麻生太郎在專書《とてつもない日本》的說法。這些共同的價值觀，主要是以日本的經驗，來支援這些國家進行民主化、法律的修改與完備以及法律人才的培育。

2006年安倍內閣時提出，當時日本在國際的存在感低下，中日關係對於釣魚台出現爭議，為迴避與中華人民共和國的正面衝突，因此提出這樣的想法，並且企圖恢復亞洲的權力平衡關係，謀求亞洲與全球的安定與發展。不過，民主主義以及法支配等觀念卻引起中華人民共和國的批評。

2008年10月24日，中日平和友好條約締結30周年，麻生首相出席與發表演說，中日競合實現共益，強化兩國關係。2009年4月中日高峰會議，麻生首相要求中華人民共和作裁減核武，溫家寶總理則追問歷史問題，不過，兩國還是針對環境、省能源科技等綜合合作計畫，達成共識，開設北京機場與羽田機場的定期班機。

第二節　第一次安倍晉三內閣、福田康夫內閣與麻生太郎內閣時期日本對外關係的特質

在這個階段，日本的對外關係基本上是穩定的，特別是日本一方面維持與美國

的同盟關係，共同推動價值觀外交，開始共同研發飛彈防衛體系（Missile Defense System）；另一方面日本更加重視其與東亞國家，尤其是中國的外交關係，從安倍晉三首相訪問中國開始，一直到麻生太郎首相，三年內兩國的高層進行九次的互訪與對話，維持相當有好的穩定關係。

不過，日本為了維持與美國的同盟關係，以及加強與中國的對話，有時候也會引起國內不同政治團體或勢力的批評，認為日本在外交政策方面出現極大幅度的震盪，反而不利於日本的對外形象。

在這段期間，日本每一年更換一次首相，首相任期過於短暫，無法產生一定的執政績效，對外政策的效果也不明顯，對外形象也受到些微的批評。

第三節　第一次安倍晉三內閣、福田康夫內閣與麻生太郎內閣時期日本對外關係所出現的爭議

政策上的分歧。安倍晉三內閣時期提出的「價值觀外交」與福田康夫內閣時期提出的「多國間協調外交」，突顯出日本在外交政策上的分歧。價值觀外交比較偏向於日本與美國維持同盟關係，對抗不同價值觀的國家；多國間協調外交則比較偏向日本與東亞國家維持穩定的外交關係。兩者之間是有所衝突的。

中日「戰略互惠關係」的模糊性。在這個階段，三位首相都非常積極地維持與建立中日友好和平關係，並且以「戰略互惠關係」來形容中日關係，然而，戰略互惠關係的實質性內容為何？日本方面沒有提出精確的說明。也許是希望透過模糊性的外交辭令來迴避中日之間的衝突議題。

首相任期過短，往往讓同盟國家或是周邊國家無法適應，無法有效評估日本外交政策的有效性與穩定性。

第四節　第一次安倍晉三內閣、福田康夫內閣與麻生太郎內閣時期日本對外關係的意義

在這個階段，日本的對外關係逐漸走向全面性，無論是價值觀外交或是多國間協調外交，顯示日本嘗試摸索新的對外關係與對外政策。

在這個階段，日本與中國的外交關係也嘗試透過外交協調的方式來化解彼此間的矛盾與衝突，並且希望透過這樣的基礎來做為推動東亞區域的和平秩序。

重要名詞解釋

價值觀外交：麻生太郎前外相在2006年11月30日的演講中提到了「民主主義、自由、人權、法的統治、市場價值」等「普世價值」，並表示「在外交中將對其加倍重視」。麻生前外相將「價值觀外交」與「自由與繁榮之弧」作為日本外交的新基軸，即作為「第四個支柱」。

中日戰略互惠關係：安倍晉三在2006年10月8日進行首次出訪，而且一改歷任內閣總理大臣的出國方式，首站訪問中國而非美國。安倍晉三訪問中國，並且與中國發表聯合公報，公報中提到中日將建構「戰略性互惠關係」。

新福田主義：日本首相福田康夫是已故前首相福田赳夫的長子，他曾在2006年6月延續其父「福田主義」的主張，發表「新福田主義」。他擷取「福田主義」中「心與心的交流」作為外交政策的基礎，加強日本與東南亞國家的外交關係，期望能夠達到建立東亞共同體的目標。

問題與討論

一、請問日本的價值觀外交有哪些重要的內容或特質？

二、請問日本的新福田主義有哪些重要的內容或特質？

三、請問日本與中國之間的「戰略互惠關係」有何重要的意涵？

參考閱讀書目

麻生太郎（2007）。《とてつもない日本》。東京：新潮出版社。

安倍晋三（2006）。《美しい国へ》。東京：文藝春秋。

国分良成、添谷芳秀、高原明生、川島眞（2013）。《日中関係史》。東京：有斐閣。

李世暉

學習目標

一、理解日本民主黨的價值觀與外交思維。

二、說明民主黨「東亞共同體」外交政策的背景與內容。

三、分析普天間基地遷徙問題對日本外交路線的影響。

四、說明「311東北大地震」對民主黨政權外交的影響。

第一節　政黨輪替與民主黨的外交思維

一、日本民主黨的國家觀、歷史觀與和平觀

　　2009年8月30日，第45屆眾議院總選舉的結果，在野的民主黨獲得過半議席，讓日本正式邁向新的民主政治時代。雖然日本新黨的細川護熙內閣曾在1993年取代自民黨的宮澤喜一內閣，終結了自民黨一黨獨大的「五五年體制」。但是，當時執政黨聯盟中的重要政黨如日本新黨、新生黨與新黨先驅，均由原自民黨議員臨時脫黨組成。因此，1993年的輪替，可視為自民黨內部派系鬥爭的延長，比較接近「政治權力輪替」的概念，也就是單純的政權改變。若以西方的民主理論來看，2009年9月16日成立的民主黨鳩山由紀夫內閣，才是戰後日本第一次的政黨輪替。

　　民主黨政權成立後，即提出如「東亞共同體」、「日美中等距離」等衝擊傳統日本外交思維的政策，為戰後日本外交政策的研究帶來新的課題。日本民主黨的外交思維，與其國家觀、歷史觀與和平觀息息相關。其中，國家觀是指對國家定位的認知；歷史觀牽涉到對整體歷史發展，以及日本近代歷史的評價；和平觀則呈現放

棄武力的「絕對和平主義」、保持一定防衛力的「防衛和平主義」以及重新武裝的「一國和平主義」等不同樣貌。

日本民主黨自1996年成立以來，對於國家的存在即抱持消極的態度，強調社會的重要性，並以創造「以公民為中心的社會」為政黨的宗旨目標。舉例來說，民主黨於1998年公布的「我們的基本理念」中，「社會」一詞出現10次，「政府」一詞出現3次，「國家」一詞只出現1次。而對國家消極、對社會積極的民主黨，對於國家武力象徵的軍隊與國防，也是抱持相對消極的態度。民主黨的歷史觀，主要是傾向明確承認日本的戰爭責任，並主張以法律措施來面對過去侵犯人權的罪行。在和平觀方面，民主黨在現實的基礎上，堅持日本憲法第九條的和平主義，以及保持最小限度武力的「專守防衛」等主張。

二、日本民主黨的外交思維

民主黨在外交上的政策思想，則是在前述的國家觀、歷史觀與和平觀基礎上，透過歷次選舉公布的政權公約，逐漸成為其外交的政策思維。自2003年合併自由黨，至2009年選舉獲勝為止，民主黨共發表五份選舉政權公約。五份的選舉政權公約中，民主黨持續關注的外交議題領域為：聯合國、日美關係與亞洲政策。

民主黨所關注的聯合國議題，除了聯合國的改革（包括推動日本加入安理會常任理事國）之外，主要還是反對過度依賴日美安保體制的雙邊主義，主張應透過以聯合國為中心的多邊主義與集體安全機制（即聯合國中心主義），保障日本、亞洲乃至於世界的和平與繁榮。

民主黨在日美關係方面，則將焦點放在〈日美地位協定〉的改定與沖繩美軍基地的遷移議題上。其所使用語詞雖然不盡相同，如健全的同盟關係、自立對等的同盟關係、進化的同盟關係、強固對等的同盟關係、緊密對等的同盟關係等，但核心思維還是主張改正長期以來「美國為主、日本為次」的不平等關係。

在亞洲政策方面，民主黨持續關注的問題則是北韓的人質綁架問題、飛彈試射問題、核武問題，以及與反恐戰爭有關的伊拉克問題。對民主黨而言，如何緩和日本與北朝鮮之間的緊張關係，既是防衛問題、外交問題，也是主權問題、人權問

題。另一方面，與亞太地區鄰國的關係，也是民主黨的亞洲政策焦點。而其外交主張也強調以亞太地區合作體制、東亞共同體等區域合作的方式，構築與鄰國間的信賴關係，並以「亞洲的日本」自詡。

<h2 style="text-align:center">第二節　東亞共同體構想</h2>

一、民主黨政權的外交主張

日本民主黨在2009年的眾議院選舉擊敗自民黨後，由民主黨黨魁鳩山由紀夫為首籌組新政權之際，即在前述政權公約的基礎上，走出一條與自民黨政權不同的外交政策道路。鳩山內閣所提示的民主黨政權外交方針，主要表現在下述三項特色上。

(一)建構東亞共同體

2009年8月10日，鳩山由紀夫在VIOCE雜誌公開發表了〈我的政治哲學〉一文，提出「自力與共生」的「友愛」理念，以及「東亞共同體」的概念。在鳩山由紀夫的構想中，東亞共同體是相對於美國主導的全球化體系，屬於一種「歐盟的亞洲版」。鳩山由紀夫就任日本首相之後，即將「東亞共同體」作為民主黨政權最高的外交方針。鳩山內閣的東亞共同體概念，並未特別排斥美國的參與，但其最重要的合作國家，則是中國。

(二)推動日美對等外交

重視亞洲的鳩山由紀夫認為，冷戰時期產物的日美安保體制，必須進行適度的調整。其中，包含普天間基地遷移、司法管轄權在內的駐日美軍基地問題，一直是民主黨在國防外交領域中關注的重點。2009年實現政黨輪替的民主黨政權，多次強調在考量沖繩縣民的意願下，普天間的替代基地應設置在沖繩縣之外。民主黨試圖透過對駐日美軍角色的調整，改變戰後以來日本追隨美國外交戰略的慣例。

(三)積極強化日俄關係

　　民主黨政權強調的自主外交，除了表現在東亞共同體構想的提出、日美對等外交的推動之外，也呈現在強化日俄關係的外交思維上。鳩山由紀夫於2009年9月16日就任日本首相後，即多次在聯合國大會、APEC等國際會議場合，與俄羅斯總統就北方領土問題與日俄關係的未來發展，積極進行意見交換。鳩山內閣並提出「日俄行動計畫」，尋求在可預見的未來，共同解決北方領土與日俄和平條約簽署問題。

　　上述的三項外交主張，其核心的價值在於：日本的外交必須獨立自主。為了實踐此一核心價值，民主黨政權必須讓日本成為「亞洲的一員」，與周邊的重要國家共同推動「東亞共同體」。

二、東亞共同體的內涵與日美、日中關係

　　2009年11月15日，鳩山由紀夫首相在新加坡南洋理工大學拉加拉南國際關係研究院（S. Rajaratnam School of International Studies, RSIS），發表題為「亞洲的新承諾─實現東亞共同體的構想」（Japan's New Commitment to Asia-Toward the Realization of an East Asian Community）的政策演說，進一步對其「東亞共同體」構想做出說明。鳩山由紀夫首相一開始即強調，美國在亞洲的存在，對包括日本在內的亞洲地區的和平與繁榮發揮出了重要的作用。但接續的演講內容則是用了大多數篇幅宣示，日本民主黨政府高度重視亞洲外交，其政策支柱即是「東亞共同體」構想。

　　鳩山由紀夫的東亞共同體構想，可從下列幾個層面理解：

(一)思想基礎

　　鳩山由紀夫提及東亞共同體構想的思想源頭，可以追溯到「友愛思想」（博愛思想），強調在尊重自身的自由和人格尊嚴的同時，也應該尊重他人的自由和人格尊嚴。換言之，以友愛思想為基礎，可進一步發展為「自立與共生」思想。

(二)日本與周邊國家關係

鳩山由紀夫指出，日本曾經給東亞地區各國帶來過巨大的痛苦和傷害。雖然已經經過了60多年，但日本尚未與這些國家實現眞正的和解。日本有必要與其他亞太各國之間，建立起一種相互友愛的紐帶。

(三)東亞共同體的成員

鳩山由紀夫的東亞共同體構想，就是要在「開放性地區合作」的原則之下，通過推進相關國家在各個領域中的合作。各國一起商定合作規則，一起協同行動，一起貢獻智慧，共同遵守這個規則。通過這樣的合作，不僅可獲得現實利益，也能培育起相互信賴的感情。而擁有著共同理想和目標的人們，就是東亞共同體的成員。

東亞共同體的構想經鳩山由紀夫提出後，立即在美國與中國國內引發討論。2009年7月21日，美國國務卿希拉蕊在泰國曼谷首度宣示：美國重返亞洲，並繼續維持我們對於亞洲盟友的承諾。自此，「重返亞洲」（Pivot to Asia）即成爲美國歐巴馬政權亞太戰略的關鍵。此時，鳩山由紀夫提出東亞共同體，顯示其無意追隨美國的亞太戰略，自然引起美國的疑慮。2009年10月7日，日本外相岡田克也在外國記者協會演說時，首度明確表示東亞共同體包括：中日韓、東協、印度、澳洲、紐西蘭。美國對日本政府的表態感到不滿，認爲在民主黨政權正在進行外交上的「脫美入中」，試圖重新定義美國與東亞的關係。

反觀中國，則是歡迎民主黨政權所提出的東亞共同體構想。中國在1990年代開始的崛起過程中，至2009年已成日美安保體制最重要的假想敵。在全球金融海嘯後，美國爲因應中國勢力在亞太地區的擴張，提出重返亞洲的戰略。對中國來說，日本以東亞共同體構想來推動獨立自主的外交路線，意味著日美同盟的弱化。而此一以中國、日本、韓國爲核心的東亞共同體構想，具體反映了中國在東亞地區的大國地位，有利於中國的國家利益。

第三節　「普天間基地遷徙」問題與日本外交路線爭辯

一、普天間基地遷徙與日美關係

　　普天間基地位於沖繩縣宜野灣市，屬於駐日美軍的海軍陸戰隊飛行場，擔負直昇機的軍隊運送、空中加油機的後勤以及戰時機場等功能。由於該基地位於市中心，除了妨礙都市發展之外，也為居民帶來噪音等生活上的重大影響。1995年，沖繩縣發生美國海軍陸戰隊士兵強暴女學生的重大社會案件，引起沖繩縣民大規模的示威抗議運動。美日兩國政府被迫檢討駐日美軍基地所牽涉的各層面議題，並於同年底組成「沖繩設施與區域相關特別行動委員會」（Special Action Committee on Facilities and Areas in Okinawa, SACO），規劃駐日美軍基地的整理、統合、縮小與遷移等課題。SACO由日本方面的外務省北美局長、防衛廳防衛局長（後改為防衛政策局長）、防衛設施廳長官，以及美國方面的國務次卿、國防次卿與駐日美軍司令官等成員組成。原本普天間基地的問題並非SACO討論的重要事項，但在沖繩縣的積極要求下，被納入美日雙方的討論事項。1996年4月12日，美日共同召開記者會，宣布在維持飛行場機能的前提下，駐日美軍將歸還普天間基地的土地。

　　普天間基地遷移的相關問題自1996年開始被提出討論後，至2010年美日發表共同宣言為止，共歷經了8任首相與15年的時間，是當代日本國內政治上的爭議焦點所在，並被視為「現代的安保鬥爭」。普天間基地遷移之所以延宕十餘年的時間，是因為此一問題不僅是日本的國防問題、外交問題，也是政治問題、經濟問題與沖繩問題。若依時間軸進行分類，普天間基地遷移問題可分為下列三期。

　　1996年至2002年為第一期。美日主要的協商焦點在於：普天間飛行場要轉移到沖繩縣內的何處，以及基地的形式為何。其中，與嘉手納基地合併、與史瓦布營（Camp Schwab）合併、新設海上基地、新設沿岸填海基地等方案，均被提出討論。經過多次討論，日本的內閣會議於1999年12月18日通過「普天間飛行場移設的政府方針」，決議於沖繩縣名護市邊野古崎西南海濱建設替代基地。

　　2003年至2009年的第二期。在小泉純一郎首相的要求下，美日重新檢討替代基地方案。小泉首相接受防衛廳次官守屋武昌的建議，推翻之前SACO的協議，提出在史瓦布營南部沿岸設置陸上基地的想法。在日本的堅持下，美國同意日本的主

張，雙方於2006年5月1日簽署「美日兵力部署調整執行準則」（United States-Japan Roadmap for Realignment Implementation），決定於2014年於沖繩縣名護市邊野古灣至大浦灣之間的沿岸地區完成普天間飛行場的替代設施。

　　2009年民主黨鳩山內閣成立之後，即進入第三期。首相鳩山由紀夫上任後，立即表明必須在遷往沖繩縣外的前提下，重新「檢討」普天間基地的問題。美國方面則無法理解民主黨政權「檢討」普天間基地的作法，強調不應率然推翻花了13年才達成的協議。在美國的壓力下，2010年5月28日，「美日安全保障協議委員會」（United States-Japan Security Consultative Committee, SCC）發表共同宣言，確認在名護市邊野古地區設置普天間的替代基地。

二、調整「從屬美國」的外交路線

　　後冷戰時期，日本外交政策爭論的焦點之一，即是「日美安保體制」的存廢、調整議題。當時，日本國內出現此一議題的背景因素之一，乃是出自於國家獨立自主的要求。這是因爲，外國軍隊長期駐留在他國，就國際關係的常識而言，是一種侵犯國家主權的行爲。日本允許駐日美軍的駐留，是極不自然的外交政策。事實上，2010年已是戰後65年，冷戰結束後20年，美國軍隊4萬人（包括家屬在內則是超過5萬人）依舊駐留在日本。其駐紮基地面積超過1,000平方公里，相當東京都面積的1.6倍。美國的海外駐軍中，若以規模來看，前五大基地中就有四個在日本，分別是橫須賀、嘉手納、三澤與橫田。此外，美軍駐留日本的費用，70%由接受國日本來承擔。

　　民主黨政權企圖以「檢討」普天間基地爲開端，尋求「多國間集團安全保障」的可能，進一步地調整自民黨時期一貫的「從屬美國」外交路線。此外，爲根本區別與自民黨外交政策的差異，民主黨政權乃決意採取「脫官僚」的決策模式，將外交政策的決策權，由過去的專業官僚移轉至政黨與一般日本國民身上。與此同時，鳩山由紀夫首相亦廢除行之有年的「日美管制改革委員會」、「年度改革請願書」等機制，讓日本與美國關係朝向「緊密與對等」的方向發展。然而，鳩山由紀夫對於「對等」的定義，以及其所採行的手段方式，並未獲得美國的理解與支持。

美國認為，「相互的國防合作」與「共同的戰略認識」，是日美安保體制的基礎；民主黨政權所提出「多國間安全保障」、「東亞共同體」，反而會瓦解日美同盟的基礎。特別是鳩山內閣的「脫美入亞」的外交方針，不僅會加速中國在亞洲地區勢力的擴大，也將不利於美國與日本。

整體而言，提出「東亞共同體」構想的鳩山內閣，沒有把中國視為國家安全上的威脅因素，也不特別尋求得以抗衡中國的軍事手段。在此一考量下，美國「嚇阻力量」（deterrent power）對日本的重要性，自然有所下降。在此一情勢下，鳩山內閣的作為，不僅無法讓日美關係朝向「對等」方向發展，反而增加了日美兩國之間的不安定因素，致使自「反恐戰爭」以來原本「緊密」的日美關係，出現疏離的變化。

第四節　「3.11東北大地震」與日本外交方針轉換

一、「3.11東北大地震」對日本國家安全的衝擊

2011年3月11日下午2點46分18秒，日本東北地方外海三陸沖區域發生芮氏規模9.0的強震。強震引發高度達40公尺的海嘯，席捲日本東北與關東的太平洋沿岸地區。前所未見的海嘯造成約40萬戶房舍的倒塌，1萬8千餘人的死亡與失蹤，多數基礎設施的損毀，以及福島第一核能發電廠的爆炸。此一由地震所引起的海嘯侵襲，為日本帶來多重災害的危機，同時也暴露出日本國家安全的脆弱性與困境。

「3.11東北大地震」對日本國家安全的影響，主要呈現在下述兩個議題上：

(一)資源與能源安全

2011年時的日本是全球第三大經濟體，但經濟發展與國民生活所需的資源與能源，大多必須依賴國外能源的進口。例如，日本的燃煤100%仰賴進口，石油為有99%，天然瓦斯則有97%仰賴進口。日本為了穩定能源的供給與使用，一方面關注能源的運輸、開發與保存，另一方面則是提高核能發電的比例。至2011年為止，日本國內共有54座核能機組，核能發電量占日本總電力的29%。福島核災之後，日本

立即停止國內所有核能發電機組，並從國外緊急進口石油、天然氣與燃煤，來補足核電停止運轉所短缺的電力。

受到地震與海嘯的影響，日本國內的經濟遭受重大的打擊；而福島核災後日本國對核能發電的疑慮，也讓日本對核能發電政策更加謹慎。影響所及，日本對石油、天然氣與燃煤的需求大幅提高，導致日本當年出現嚴重的貿易赤字。而日本的經濟成長率，更從2010年的4%，大幅降至2011年的1.4%。福島核災之後的日本，更加依賴中東、印尼、澳洲等國家的能源進口，嚴重危及日本的能源體制，並對日本的國家安全造成威脅。

(二)大規模災害應對能力

3月11日下午2點46分地震發生後，日本內閣府即於4分鐘後設立「危機管理對策中心」。地方政府則依地區防災規劃，立即設置「災害對策本部」。日本防衛省也在地震後同步成立「災害對策本部」，全面掌握青森、岩手、宮城、福島、茨城、千葉等東北6縣災情發展，並於當日下午3點02分，動員轄區內陸、海、空軍自衛隊投入救災。

日本國內平時各項救災任務，依發生的地點與性質，主要負責單位為海上保安廳、消防署與警察單位。但在1995年阪神大地震發生時，原本的救災系統無法因應此一大規模災害；而協助救災的自衛隊亦未建立完整的機制，致使投入救災時機過於緩慢。之後，在輿論的壓力下，日本政府即開始修訂〈自衛隊法〉，明確律定當大規模災害發生時，自衛隊得以「支援」角色加入救災活動。而依法派出部隊支援救災工作時，部隊須接受「地方政府救災本部」指揮管制。

「3.11東北大地震」首日，日本自衛隊投入救災兵力計8,000人。另一方面，防衛省也透過後備動員機制，動員後備自衛官參與救災。然而，原本計畫動員後備自衛官6,500人，但受個人意願、企業僱主同意、徵召期限及專業技能等制度面與執行面影響，就災期間每日僅能動員後備自衛官約170人，且只能執行有限、非專業性之一般救災任務，對整體救災無明顯成效。

此外，日本相關法令對賑災物資的規格、發放程序，都有嚴格的規定，致使物資無法立即供應大量災民需求。而部分收容所更因災區道路中斷，且地區溫度驟降及醫療資源、保暖設備短缺等因素影響，至少造成25名災民死亡，嚴重衝擊日本政

府在國民心目中的形象，產生對政府的不信任感。

二、日本外交方針的轉變

「3.11東北大地震」對日本外交方針的影響，可從下列三項層面進行分析：

(一)日美同盟的強化

「3.11東北大地震」發生後，日本首相菅直人即指示外務大臣的松本剛明，向美國駐日大使羅思（John Victor Roos）請求派遣駐日美軍支援救災。美國以「朋友作戰」（Operation Tomodachi）為名，投入24艘船艦、189架飛機與24,500名美軍參與救災。

美軍的前期救災行動，主要是透過船艦與飛機，運運物資與能源至因交通中斷而無法到達的區域。此外，也協助宮城縣的仙台機場、岩手縣的宮古港、青森縣的八戶港等地清除瓦礫，並恢復機場與港口的功能。在救援行動後期，美國從關島派出無人偵察機「全球鷹」負責蒐集福島核災地區資訊，也派遣「化學生物事故反應部隊」（CBIRF）150人，提供輻射專門知識，以協助日本處理核災後續事宜。

駐日美軍在救災時的積極行動，透過日本與國際媒體的大篇幅報導，不僅提升日本國民對駐日美軍的好感，也讓日本政府重新認識日美安保體制的存在價值。影響所及，原本因普天間基地遷移問題而疏遠的日美同盟，再度獲得了強化。值得一提的是，駐日美軍透過此次的救災表現，也向中國與俄羅斯呈現美軍在東亞地區的「存在感」。

(二)資源外交的強化

福島核災之後，日本立即停止全國的核能發電機組，以進行安全檢測。其結果導致日本對石化燃料的依存度大幅提升。例如，2010年日本的電力來源（發電方式）中，燃煤、石油與天然氣合占62%；到了2013年，燃煤、石油與天然氣合占的比率提升至88%。此一88%的數字，甚至超過第一次石油危機時的80%。

日本對石化燃料的過度依賴，不僅造成日本國家財富的轉移，也讓日本的能

源供給處於不安的狀態。前者是指，日本每年必須額外花費10兆日圓，購買發電所需之石化燃料，形成貿易赤字。後者是指，日本必須重新思考外交與能源政策，強化與資源／能源大國的外交關係。最具體例子，就是日本積極強化與澳洲的關係。澳洲是日本重要的資源、能源與食糧的輸入國，而且也是同屬民主國家陣營，值得信賴的國家。與澳洲強化外交與經貿關係，可以確保自元與食糧的穩定供給。「3.11東北大地震」強化了此一思維，並加速日本與澳洲之間「經濟夥伴協定」（Economic Partnership Agreement, EPA）的簽訂。

(三)日台關係的強化

　　台灣在「3.11東北大地震」發生之後，中央政府立即決定派遣救難隊赴日協助，並提供金錢援助。而各地方政府、法人組織與民間團體，亦踴躍響應捐助金錢物資，並親赴災區賑濟和協助短中長期重建。根據統計，台灣捐贈協助救災的金額超過200億日圓，是捐款最多的國家。而台灣提供救援和物資的速度也非常迅速，體現台灣對於「3.11東北大地震」的真誠同情和聲援。

　　對此，包含時任首相菅直人在內的日本各界，均對台灣的厚重情誼表示感動與感謝。例如，首相菅直人公開發表感謝函「日本國內閣總理大臣的致謝辭－『羈絆』的厚重情誼」（Kizuna-the bonds of friendship），表達對台灣的感謝之意。時任外務大臣的松本剛明，對各國捐助表示感謝時，首先提到的是美國，其次就提到台灣，列名在其他國家之前。日本國會議員、企業人士等也陸續組團訪台，加強推動日台雙方在各層面的合作、交流與投資。

　　在上述基礎上，日台雙方於2011年9月簽署日台投資協議，同年11月完成日台航約修訂以實現開放天空，彼此關係獲得飛躍性的進展。2011年日本來台投資金額較2010年成長11.18%，而2011年日本來台觀光客人數達129萬餘人，首次超過台灣赴日觀光人數。

重要名詞解釋

年度改革請願書：自1994年開始，美國政府為擴大美國企業在日本市場的市占率，透過「日美管制改革委員會」，每年10月對日本政府提出「年度改革請願書」（全名為「日美管制改革暨依據競爭政策倡議之請願書」）。該請願書通過審議會的諮詢、

匯報後，會以法案形式進入日本國會審查與表決。政黨輪替之後，民主黨政權在未與美國溝通的情況下，片面廢除「日美管制改革委員會」，中斷此一「年度改革請願書」機制。

「脫官僚」決策：民主黨政權成立後，即積極試圖建立「脫官僚」的決策機制。首先是透過官房長官、國家戰略室與行政刷新會議，強化首相官邸的決策功能；其次是廢除事務次官會議，改設各部會政策會議，並以政務三役（大臣、副大臣與政務官）主導政策的立案、調整與決定。其三，政黨、個別議員與業界團體的意見，一併在各部會政策會議中討論；討論意見書送閣僚委員會與閣議定案後，形成政策法案送國會審議、表決。

普天間基地遷移問題：普天間基地位於沖繩縣宜野灣市，屬於駐日美軍的海軍陸戰隊飛行場，擔負直昇機的軍隊運送、空中加油機的後勤以及戰時機場等功能。由於該基地位於市中心，除了妨礙都市發展之外，也為居民帶來噪音等生活上的重大影響。1996年4月12日，美日共同召開記者會，宣布在維持飛行場機能的前提下，駐日美軍將歸還普天間基地的土地。日美雙方並於2006年共同決定，在沖繩縣名護市邊野古灣至大浦灣之間的沿岸地區，完成普天間飛行場的替代設施。

日本民主黨政權於2009年成立後，即決定重新檢討自民黨執政期間的駐日美軍「普天間飛行場」的遷移協議，主張將原本日美協議預定地沖繩縣名護市的飛行場，轉移到海外或至少是沖繩縣外的地區。然而，經過九個月的協調，民主黨鳩山內閣最終無法改變原本的日美協議內容。而此一決策過程中的挫敗，雖然是導致鳩山首相下台的主因之一，但也為普天間基地遷移問題投下新的變數。

東亞共同體：東亞共同體是東亞國家在區域經濟整合趨勢下，效仿歐盟模式建立緊密型區域合作組織的一種思維理念與政策目標。東亞共同體的概念，最早可上溯至戰前日本提出的「大東亞共榮圈」；戰後則是透過小島清、高坂正堯等學者，以及「太平洋盆地經濟理事會」、「太平洋貿易與發展組織」等民間機構的倡議下，逐漸形成區域內國家的主要經濟合作議題。

目前，針對東亞共同體的概念，區域內部國家的意見分歧。特別是在共同體的定位、成員與主導國部分，有不同的主張。首先，東亞共同體究竟是關稅同盟、共同市場還是緊密的政經共同體；其次，東亞共同體是否包括美國、澳洲等太平洋沿岸國家；最後，東亞共同體是要由日本、中國還是東協國家主導。

重返亞洲：面對中國勢力在亞太地區的崛起，美國體認其在此一區域影響力逐漸式微。為進行美國全球戰略的「再平衡」（strategic rebalancing），積極參與其在亞太與東

亞地區多軌、多層次之多邊合作，並重新取得主導優勢，歐巴馬政權的國務卿希拉蕊乃提出「重返亞洲」的戰略方針。「重返亞洲」戰略強調美國除了在亞洲地區維持軍事優勢地位之外，也應同時重視外交、經濟與國際秩序等非軍事手段。此外，美國一方面採用「交往策略」（Engagement Strategy），與崛起的中國進行交往；另一方面則與日本、南韓、澳洲、菲律賓與泰國等美國亞太地區軍事盟友，維持緊密的合作關係。

問題與討論

一、日本民主黨的外交思維為何？其執政後的外交主張又為何？

二、鳩山由紀夫提出東亞共同體的背景、內涵與外交影響為何？

三、普天間基地遷徙問題的爭議點為何？其對日美關係的實質影響為何？

四、「3.11東北大地震」對當代台日關係發展，有何關鍵性的影響？

五、「3.11東北大地震」如何影響日本的能源政策？

參考閱讀書目

Green, Michael J. (2003). *Japan's Reluctant Realism: Foreign Policy Challenges in an Era of Uncertain Power* (New York; Basingstoke, England : Palgrave Macmillan).

吉田和男、藤本茂編著（2013）。《グローバルな危機の構造と日本戦略—グローバル公共財学入門》。東京：晃洋書房。

伊藤光利、宮本太郎編著（2014）。《民主党政権の挑戦と挫折—その経験から何を学ぶか》。東京：日本経済評論社。

武田康裕、武藤功著（2012）。《コストを試算！日米同盟解体—国を守るのに、いくらかかるのか》。東京：毎日新聞社。

淺野一弘（2011）。《民主党政権下の日本政治：日米関係・地域主権・北方領土》。東京：同文館出版。

森本敏（2010）。《普天間の謎》。東京：海竜社。

蔡東杰

學習目標

一、瞭解再度上台的安倍政權與前次（2006-07）有何政策差異。

二、說明近期安倍政權擬定新外交戰略過程中，主要之國際環境背景。

三、觀察在美日推出新防衛指針後，日本安全保障體制最新之發展狀況。

四、前瞻日本外交政策發展，分析其未來之可能發展路徑與影響。

第一節　近期安倍外交之外部環境分析

一、中國崛起與美國之戰略因應

(一)中美關係變遷及其相關討論

　　固然自1980年代以來，日本不斷強化「自我中心」的外交政策思考，不可否認的是，基於戰後形成的政治氛圍與傳統，更重要的是自1950年代以來所確認對美國的「一邊倒」路線，再加上和平憲法之制度限制，這些既構成當代日本外交的保守主義基礎，相對而言，即便2012年底上台的安倍政權似乎透露出有別於戰後諸前任首相的企圖心，外部環境挑戰及其帶來的變數仍無可忽視。就近期來看，中美之間的「權力轉移」無疑是重中之重。

　　應對「中國崛起」態勢，絕對是美國新世紀亞太戰略布局的思考核心。例如William Kristol和Robert Kagan在2000年便指出，美國雖在1990-91年第一次波灣戰爭後獲得前所未有的國際影響力，仍應強化與各主要盟邦（尤其是東北亞與東南亞國家）關係，以便為未來中國可能成為區域霸權做好準備。2002年的〈國家安全戰

略報告〉也指出，美國必須維持足夠能力來因應可能的敵人（暗指中國）。其後，Niall Ferguson在2007年進一步創造了「中美國」（Chimerica）這個新詞彙，強調由最大消費國（美國）與最大儲蓄國（中國）可能形塑的利益共同體，對全世界經濟帶來之重大潛在影響。至於Fred Bergstan則於2008年提出「G2」概念，主張中美應建立平等協商領導全球經濟事務的模式。由此，美中關係不啻為美國在新世紀全球戰略布局中最重要的一項雙邊關係。

(二)美國推動重返亞洲戰略

在Obama政府上任後，不僅立即設立了注重亞洲地區的「戰略方針」，一方面國務卿Hillary Clinton在2009年選定東亞地區做為出訪首站（這也是1960年代以來，美國國務卿第一次將首次出訪地選在亞洲），同年底又於東協峰會上鄭重宣布美國將「重返亞洲」。於此同時，在2009年底抵達東亞的Obama總統，則將中國定位為「戰略夥伴」（strategic partnership），相較於Bush第一任期「負責任利害攸關者」（responsible stake-holder）的設定（更別說第一任期中的「戰略競爭者」說法），可說直接反應出雙邊互動的緊密性。事實上，美國在2010年發布的幾份報告都將中國視為假想敵，首先是國防部的〈四年防務評估報告〉，除強調廣泛建立同盟和合作夥伴關係外，也指出應提升反介入與區域拒止能力，暗示對中國潛艇與飛彈能力升高的警惕，並延續近期以來將後者視為重點防範對象的思路；其次，Obama政府任內首份的〈國家安全戰略報告〉中同樣暗示將中國視為主要威脅來源，更別說國防部的〈中國軍力報告〉數年來持續強調後者作為改變東亞軍事平衡的重大要素，尤其是從「第一島鏈」與南海對「第二島鏈」的穿越潛在性，更為美國所關注。

二、中日關係及其對日本之戰略影響

(一)後冷戰時期中日關係激化之背景

和中國的互動關係，乃日本東北亞政策中最重要的一環。儘管長期看來，日本不過是美國用以制衡中共的戰略工具，但它並非「直接」介入中美關係，而是透過對台灣政策「間接」地加入。值得注意的是，就在台灣自1990年代起迴避或甚至

放棄「一個中國」問題，致使兩岸關係一度進入「寒冬期」後，日本也因企圖拉高與台灣互動層級、歷史教科書問題，以及升高對釣魚台群島主權訴求等議題，同時面臨與中國關係的低潮階段，再加上美國在2000年後轉而將中國視為「戰略競爭者」，致使「中國威脅論」不僅愈發受到重視，日本因經濟泡沫化導致東亞經濟龍頭優勢面臨挑戰，也在民族主義與權力危機感促使下，一方面讓中日對立態勢不斷激化，日本也選擇強化與美國關係來加以因應，此乃1996年雙方推出〈新安全保障宣言〉的背景。

(二)一度低盪轉折之中日關係

儘管中國自2004年起取代美國成為日本最大貿易夥伴，但因後者右翼勢力擴張，兩國高層不但自2001年後多年未曾互訪，更因中共潛艦不斷航行到釣魚台群島附近海域，迫使日本在2005年初制訂出新的〈應對外國潛艇侵犯日本領海的對策方針〉，並與美國召開「安全保障協商委員會議」並計畫制定「共同戰略目標」，明確將「中國加強軍備」與「北韓發展核武」列為亞太地區的不穩定因素。不過，兩國倒也非一味地進行對立競爭，例如中日自2005年起持續推動部長級戰略對話，顯示雙邊關係仍存在著緩和空間。尤其在小泉內閣於2006年下台後，接下來數任首相（包括第一任安倍內閣在內）都試圖緩和與中國的緊張互動，其結果影響了既有美日互動框架，特別在2009-12年民主黨執政後，幾位領導者（例如小澤一郎與鳩山由紀夫）都有若干「親中」傾向，不啻為日本未來外交與美日同盟走向轉變埋下伏筆。

三、美日對中競合之未來可能發展

(一)中美權力轉移與競爭激化

儘管中美經濟日趨相互依賴，尤其中國經濟對美國的依賴（例如外匯儲備或政府公債等），使其必須小心維護與美國的穩定關係，但2005年後日益惡化的伊拉克戰略負擔，再加上2008年底由次級房貸危機衍生引爆的全球金融海嘯，顯然大幅修正著前述關係，結果首先是讓中美地位更加「平等化」。由此，中國對美國霸權地位的威脅既愈發明顯，特別是自2010年以來，美國對華戰略似乎透露出「硬的更

硬，軟的也硬」的走向。在硬戰略方面，無論各種強化軍事佈署措施或不斷擴大軍事演習規模等，針對中國而來的「敵對性」已不言可喻，至於透過自2002年起逐年發布的〈中國軍力報告〉，美國企圖透過超強話語權在東亞乃至於全球形塑「中國威脅論」氛圍，亦確實一定程度地達到預期效果。其次，儘管有經濟（泡沫困局）與政治（政黨輪替）因素牽絆，如同防衛研究所自1997年起逐年發布《東亞戰略概觀》所形塑的戰略概念走向一般，日本大致仍選擇了強化「聯美制中」道路，目標在實現所謂「動態美日防衛合作」，一方面加強自衛隊在西南諸島的力量，推進並構築美日韓和美日澳安全保障同盟網絡，同時通過修改「武器出口三原則」以擴大國際裝備合作等。

(二)日益明顯之中國軍備威脅

　　面對美日同盟升溫，以及「不是不可能」的中日東海衝突，中國自然不可能無所因應；例如2007年以來持續積極發展的太空武器與自主衛星系統，2011年讓殲20隱形戰機公開曝光，瓦良格號航母平台正式下水試航，甚至為回應美國軍演壓力，首度集結三大艦隊在南海進行聯合演訓等，都不啻是中國在硬權力方面的積極作為；總而言之，如同牛頓第三運動定律的「反作用力」概念，以及現實主義權力政治邏輯所暗示者一般，中國近年來雖自滿於高速躍進的經濟成長表現，卻也無法迴避由於權力板塊可能重組所潛藏的敵對性，從這個角度看來，美日同盟經過一度跌宕後重新走回強化道路，既相當自然，對於企圖爭取區域乃至於全球領導權的中國而言，也是它在可見的未來當中，必須面對或無可避免的衝突與挑戰來源。

第二節　近期安倍外交政策之主要作為

一、第二屆安倍內閣之外交重點

　　在安倍晉三於2012年底再次上台後，除再度納入前次執政之外交主軸「自由與繁榮之弧」基本精神之外，更加入了「價值觀外交」作為所謂安倍外交之基本理念，同時以「戰略性外交」、「重視普世價值外交」及「堅守國益之主張式外交」

等原則作爲推動其外交理念的重要引擎。當然，所謂價值觀是以「自由、民主、人權、法治」等普世價值做爲核心，並以宏觀國際情勢變動與對外戰略調整爲背景，來維護本國安全利益。據此，其具體作爲表現於以下三個面向。

(一)俯瞰地球儀外交

在2012年12月26日第二次內閣誕生伊始，安倍便公開宣示：「日本面臨日中、日韓，以及日美同盟關係等重大外交課題，尤其包含美、俄、印、東南亞各國在內，有必要以俯瞰世界地圖的視角在戰略上考慮外交問題。」2013年，他在向國會發表的演說中再次強調，日本當務之急乃根本修正外交與安全保障，亦即除繼續強化美日基軸關係，並針對若干普世價值展開「戰略性外交」外，也要如同俯瞰地球儀一般地觀察整個世界。這是他首次公開使用「戰略性外交」此一政策用語。至於就所謂俯瞰地球儀外交的具體行動成果來看，相較於小泉純一郎在2001年至2006年間創下出訪48國的日本戰後首相紀錄，安倍單單在2013年至2014年間出訪國家數量就超過50個，且遍及世界五大洲。整體觀之，他所推動的「戰略性外交」的構想一方面大致符合國家利益的長遠規劃，且有助深化俯瞰地球儀外交的宏觀設計，基本上算是成功的外交布局。

(二)對東南亞地區外交

從地緣政治角度來看，安倍內閣的「價值觀外交」主要著眼於對亞洲政策，特別是針對東南亞國家。例如在其2012年底就任首相的第一年中，安倍晉三便幾乎訪遍東協國家。值得注意的是，不但出訪首站就針對東南亞，安倍在印尼的記者會上既宣稱與東協之間的關係是日本外交「最重要的支柱」，也闡述了所謂「日本外交的新五原則」，亦即：（1）鞏固和普及「自由民主、基本人權」等普世價值觀；（2）全力維護海洋權益和航行自由，並歡迎美國重視亞洲的政策；（3）積極推進日本與東協國家的經貿合作；（4）努力促使日本與東協之文化交流；（5）促進日本與東協各國之青年交流。事實上，這一方面呼應了安倍在2006年至2007年首次擔任首相時所提出之「自由與繁榮之弧」構想。在2013年7月贏得參院大選後，安倍更聲稱「要專心、強有力地推進政策實施，展開強有力的外交，希望向世界展示出日本的「存在感」。

進言之，安倍所開展的東南亞外交，其目標既期望日本在對東協經濟發展方面獲取實質利益，以協助本身經濟復甦並脫離泡沫陰霾，也希望透過安全保障合作以

擴大日本在此地區的影響力，爲下一階段積極參與國際和區域事務鋪路，並在國際社會贏得更多話語權。

(三)積極的和平主義

　　緊接著，安倍在2013年9月對聯合國大會發表演說時，又提出所謂「積極和平主義」的說法，並將此做爲政權外交與安全保障政策核心，強調日本今後將更努力培養有資格參加聯合國活動的人才，且更積極參與包括維持和平行動在內的集體安全保障行動和國際協調。對於「積極和平主義」的內涵，安倍繼之在2014年1月對國會發表總理大臣施政方針時，特別說明如下，「舉凡自衛隊的海外支援行動、ODA對世界伸出支援之手、提升醫療保健與提高生活水準等，日本將始終站在人類安全保障的先端」。即使國家安全保障戰略受到中國單方面劃定「東海防空識別區」或釣魚台周邊海域爭端不斷等情事影響，安倍在施政方針演說中，仍堅信自由、民主、人權、法治等普世價值才是促進世界和平與安定的基礎，由此進一步反映其「積極的和平主義」構想，當然，與美國共同攜手積極扮演維護世界和平的角色，乃此主義不可避免之行動重心與結果。

二、第二屆安倍內閣之外交分析

(一)新瓶舊酒的基本政策內涵

　　事實上，安倍在2006年底首度執政時，便提出「自由與繁榮之弧」的外交新方針（請參考本書第七章），一方面與當時打出「全球反恐」旗幟的美國小布希政府相呼應，目標則在聯合韓國、東協、印度、土耳其、歐洲諸國等，與日本共畫一道同盟弧線以建構一隱性之「中國包圍圈」。當時制定此一新政策的核心包括首相安倍晉三、外相麻生太郎，及外務次官谷內正太郎等三人，至於此「三人組」在此次新內閣中又再度聯手，分別擔任首相、副首相兼財務大臣，以及外交事務內閣參與（首相顧問）等職務，新口號改成「自由海洋之弧」，亦即以美軍及其基地群作爲後盾，聯合韓國、菲律賓、越南、澳大利亞、泰國、緬甸、印度等與美國關係較緊密的國家，目標還是構建一個「中國包圍圈」。據此，其政策重心看來並無太大改變。

(二)與舊政策差別在於更具積極性

如同所謂「三支箭」政策與在此之前，日本對應其經濟泡沫化所推出各項措施的差別一般，第二次安倍內閣外交政策的最大特徵亦即其「積極性」。例如安倍就任首相後兩日隨即與印度總理進行電話會談，翌年雙方不僅舉行並完成兩次高峰會，日本也承諾每年向印度提供2000億日元ODA援助；接著，安倍除了在一年內幾乎走訪所有東協國家之外，尤其成為36年來首度訪問緬甸的日本首相；第三，儘管近年來日韓雙邊關係不睦，安倍依舊相當重視韓國，當然，由於無法正視慰安婦、歷史教科書與獨島主權等問題，此一雙邊互動的未來仍不容過度樂觀；第四，安倍也非常重視改善與俄羅斯之間的關係，兩國於2013年底在東京舉行了首次外長與防長級磋商，安倍也親自參加了2014年冬奧會，但因美歐以烏克蘭問題為由在2014年對俄羅斯發動4次經濟制裁，為顧及美日傳統同盟關係，日本也只能參與這些制裁行動；最後，安倍政府對中東甚至拉丁美洲的重視程度，也遠超過日本的外交傳統，由此既引發與中國大陸正面外交競爭的討論，也再度印證了其所謂「俯瞰地球儀外交」的新特徵。

第三節　近期安倍外交政策之關鍵與挑戰

一、下一階段安倍外交之主要議題

(一)美日關係

基於中國軍事崛起並逐漸擴大在東海地區的行動，尤其是針對釣魚台爭議的可能反應，再加上北韓核武威脅的新周邊軍事動態，美日兩國繼1976年與1997年後，雙邊安全保障磋商委員會在2013年達成第三度修訂〈美日防衛合作指針〉的協議，希望在2014年10月發表期中報告書後，於年底完成。不過，顧及安倍內閣解禁集體自衛權所引發的爭議，以及對2015年4月日本地方選舉之影響，雙邊決定將最終修定推遲至2015年中左右。值得注意的是，新指針獲得共識的推遲或許並非只因考量到日本地方選舉結果而已，更重要的應是美日雙方在新指針下的相對地位，亦即是

否可能進一步從「美主日從」朝更具平行性夥伴關係之方向調整。對此將在下一個段落中詳細說明。

　　除此之外，日本是否加入美國自2010年起積極推動的〈跨太平洋經濟夥伴協定〉（TPP）也是另一影響雙邊互動的關鍵議題。儘管安倍在2013年3月正式宣布日本將加入TPP談判，並發表試算預測，聲稱日本加入TPP後實質GDP將增加3.2兆日圓（約占GDP的0.66%），在同年度《外交青書》中，TPP不僅被認為是牽動亞太經貿發展的關鍵，亦被列為日本參與區域經濟整合時的優先戰略選項，甚至在「日本再生」與「強大日本」的包裝下，使該議題似乎取得主流媒體與輿論支持，但國內利益團體與學界對此仍存在明顯分歧意見。更甚者，非但日本擔憂美國將施壓其進口更多牛肉與稻米，事實上，美國汽車產業對於讓主要競爭者日本加入TPP也展現強烈反對，更別說目前執政的民主黨對國會影響力不大，因此，對美日雙邊關係而言，無論戰略或經濟議題，隱然浮現的歧見勢將成為下一階段發展的變數所在。

(二)中日關係與東北亞整合

　　儘管在歷經8度非正式互動後，中日韓決定在2008年首度於東協框架外單獨召開三邊高峰會，並自2011年起成立「三國合作秘書處」作為常設機制（地點設於韓國，預算由三方共同分攤，實際運作工作則由三國輪流擔任），由於中日與日韓之間仍存在歷史問題與領土爭端，一個完整的三邊架構短期內可能難以出現。無論如何，一個由中國大陸、日本與南韓共組的自由貿易區，仍在2013年至2014年間推動了六輪談判。當然，目前障礙雖看似存在於歷史問題與各國不同的經濟發展要求，其實政治問題還是關鍵，尤其前述中日韓三邊高峰會自安倍於2012年底上台後，隨即於2013年至2014年連續停辦兩次，象徵意義十足。為爭取重開高峰會，三國外長在睽違3年後，再度於2015年初共同集會，以「正視歷史、面向未來」為出發點，決定加強三國在東北亞的核能安全合作、恢復反恐磋商和非洲政策對話、繼續舉辦網路政策磋商、空氣汙染防治對話等活動，目的或許是幫恢復高峰會機制暖身。

　　不過，關鍵還是中日關係。值得注意的是，儘管2014年底雙方領袖在APEC高峰會上的「臭臉會面」令人印象深刻，但翌（2015）年隨即呈現若干關係升溫跡象，例如自2011年因釣魚台爭議升溫，以致雙邊安全交流停擺後，第13屆中日安全對話又在2015年重回東京，於此同時，兩國財政部長也繼2012年後首次重啟金融對

話，議題包括亞投行、人民幣及影子銀行等，至於由日本執政自民黨總務會長二階俊博所率領由3000名日本企業、地方政府領袖與超過20名國會議員組成的超大型訪問團亦跟進抵達中國，由此可見，雙方未來關係仍存在變數且有待進一步觀察。

二、新安全保障體制之轉型發展

(一)美日新防衛指針

　　美日兩國於2015年4月召開的外交及國防部長級會議「2+2」，雙方最終針對〈防衛合作指針〉達成修改共識。該項指針規定了在日本遭受他國攻擊等情況下，自衛隊和美軍具體任務分工的內容，對日本的安全保障架構具有重大影響；在此之前，1978年為應對蘇聯的可能進攻首次制定了指針，其後，由於面對朝鮮半島可能之緊急事態，1997年又再度進行修改，此次則是時隔18年後的第三次修訂工作。

　　根據最新之修改內容，除加入日本「行使集體自衛權」規範外，更關鍵的是自衛隊向美軍所提供之後勤支援，不再受到所謂「周邊事態」界定的地理限制，由此同時回應了安倍晉三提出的「積極和平主義」倡議，從而將自衛隊向美軍提供的合作擴大到全球規模。一般認為，此次兩國再度修改指針，主要乃考慮到中國不斷增強軍備並擴大在西太平洋海上活動帶來之挑戰，因此在新指針中特別針對當日本遭受直接攻擊時的合作，同時考慮到釣魚台可能事態，而加入了有關「離島防衛合作」相關內容，例如離島遭非法占據，以及尚不至訴諸武力攻擊的「灰色地帶」事態在內，目標是讓美日雙方以「無縫接軌」形式，無論日常或緊急事態都可確保日本的和平及安全。除此之外，更引人注目者在於，新指針把美日合作範圍設定為亞太地區以及超過此範圍的地區，從而使自衛隊為美軍提供後方支援的範圍超過了傳統上包括朝鮮半島與日本周邊緊急事態的限制，其結果也大致終結了日本「專守防衛」的安全保障原則。

(二)日本新安全保障法制發展

　　為了順利完成前述指針修定後的「國內法化」過程，安倍政府繼之提出了共11條之新安全保障法制提案。前述法案被統一命名為「和平安全法制」，包括了向海外派遣自衛隊的永久性法案〈國際和平支援法案〉，以及包括〈武力攻擊事態法改

正案〉等在內之〈和平安全法制整備法案〉，內容則大致上可分爲「日本之和平和安全」以及「世界之和平和安全」兩大領域；值得注意的是，執政的自民黨針對前述新安全保障法制製作了向國會宣傳用的「和平安全法制提要」，其中不無隱晦地列舉了中國對日本發展的威脅性。

　　在具體內容部分，針對日本自身安全問題，隨著2014年7月閣議決定解禁集體自衛權後，便新設立作爲〈武力攻擊事態法改正案〉必要前提條件的「存亡危機事態」，也就是即便日本並未直接受到武力攻擊，若與日本關係密切的其他國家受到攻擊，且被確認爲威脅到日本存亡，自衛隊便可取得行使武力的正當性，於此同時，以朝鮮半島發生緊急事態時爲美軍提供後援爲主要場景的〈周邊事態法〉也更名爲〈重要影響事態法〉。至於在有關世界和平安全領域方面，則新設〈國際和平支援法案〉，以運用自衛隊向國際社會和平與安全提供服務作爲目的；在此之前，日本針對派遣自衛隊問題都以國會通過〈特別措施法〉來解決（例如2003年爲支援美國全球反恐所制定的有事三法），但前述提議一旦成爲永久性法案，日本將隨時可向海外派遣自衛隊。

重要名詞解釋

三支箭政策（**three-arrow policy**）：日本首相安倍晉三於2012年12月26日就任後，爲擺脫日本長期通貨緊縮困境並重振國內經濟，所提出的振興計畫，包括推動寬鬆貨幣政策、擴大財政支出，以及結構性經濟改革與成長策略等，此即所謂「三支箭」，又被稱爲安倍經濟學（Abenomics），整體目標是讓10年內人均GDP年成長3%以上，10年後人均國民所得增加至150萬日圓以上。

地球儀外交（**diplomacy of bird-view globe**）：前日本首相小泉純一郎曾創下在5年5個月裡訪問48個國家和地區的歷代首相出訪紀錄，但目前已被打破；2012年12月26日以來，日本首相安倍晉三在兩年內先後出訪了49個國家，外訪頻率爲日本戰後首相之最。2013年1月，安倍晉三在國會演講時更表示：「外交不是要單純盯著周邊諸國兩個國家之間的關係，而是要像看著地球儀般俯瞰全世界」，因此又被稱爲「地球儀外交」。

集體自衛權（**right of collective self-defense**）：此爲一種國防概念，亦即當與本國關係密切的國家遭受他國武力攻擊時，無論自身是否受到攻擊，都可動用武力進行干預；

進而言之，多數發生在聯盟其中一個成員遭受攻擊時，由其他盟友進行相互武裝援助，以遂行所謂集體自我防衛的目標。儘管日本與美國擁有軍事同盟，但對此始終自我抑制，直到2014年7月1日透過內閣決議解禁爲止。

積極的和平主義（**proactive contribution to peace**）：作爲2013年日本第一部國家安全保障戰略的基本理念，安倍政府希望改變過去日本一貫的消極和平主義，亦即將出發點設定在「日本非軍事化越徹底，世界越能夠和平」的概念上，相較地則更加強調並主張「加強與自由、民主、人權、法制方面價值觀相同的國家合作」，並計畫透過創設國家安全保障會議和推出「國家安全保障戰略」等，加強首相官邸主導外交和安全政策的功能。

美日防衛合作指針（**Guidelines for U.S.-Japan Defense Cooperation**）：爲提供美日之間一個形式化機制以制定具體行動準則，並回應日本對美國與中共建交之懷疑，兩國於1978年首次通過防衛合作指針，其內容包括防範日本受侵略的各種準備；其後，依照1996年〈美日新安全保障宣言〉的內容，兩國再度於1997年簽署一份新指針，目標是更有效地執行美日雙邊合作。至於在2015年則是第三度修正。

問題與討論

一、中國崛起與美國推動重返亞洲政策，對區域安全環境造成何種影響？日本如何回應此一環境內涵變遷？試述其政策重點所在。

二、新世紀初的中日關係有過何種轉折？對日本外交政策影響又何在？試舉出幾個具體例證，尤其著重政策內涵加以說明。

三、試由提綱挈領角度，闡述2012年第二次安倍內閣外交政策重點；據此，其與2006年他首度組閣後之政策有何異同？

四、何謂俯瞰地球儀外交？什麼又叫做積極的和平主義？請舉出實際例證來說明前述安倍新政策的主要口號內容。

五、美日雙方在2015年通過防衛合作新指針的動機何在？其主要內容爲何？至於日本對此又做了哪些國內體制調整？

參考閱讀書目

Christopher W. Hughes (2015). *Japan's Foreign and Security Policy Under the 'Abe Doctrine':*

New Dynamism or New Dead End? .London: Palgrave Pivot.

小川和久（2014）。《日本人が知らない集団的自衛権》。東京：文藝春秋。

小林節（2014）。《白熱講義！集団的自衛権》。東京：ベストセラーズ。

安倍晋三（2014）。《日本の決意》。東京：新潮社。

安倍晋三（2013）。《新しい国へ 美しい国へ 完全版》。東京：文藝春秋。

屋山太郎（2013）。《安倍政権で再び大国を目指す日本：価値観外交とTPPが成長の カギ》。東京：海竜社。

渡邊昇一（2013）。《取り戻せ、日本を。安倍晋三・私論》。東京：PHP研究所。

渡邊昇一、日下公人（2013）。《安倍晋三が、日本を復活させる》。東京：ワック。

豊下楢彦、古関彰一（2014）。《集団的自衛権と安全保障》。東京：岩波書店。

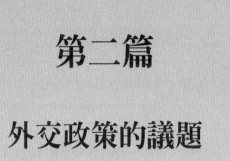

第二篇

外交政策的議題

第⑩章 綜合安全保障外交

吳明上

學習目標

一、分析日本的「綜合安全保障外交」為何,及與傳統的「安全保障」有何不同。

二、說明一個國家的地理條件與外交政策的關聯性。

三、瞭解日本於1980年代為何要策劃「綜合安全保障外交」。

四、探討冷戰後日本面臨的國際局勢為何。

　　「綜合安全保障外交」是日本於1980年提出的外交戰略構想,是檢討1970年代的挑戰與機會,建構1980年代以後的外交方針,成就了1980年代以後的日本國際地位。進入21世紀後,日本的外交環境產生結構性的變化,新的綜合安全保障外交戰略正醞釀而生。外交政策與戰略構想具有歷史的延續性與邏輯性,本章為使讀者能掌握綜合安全保障外交的架構與脈絡,先從基本概念與1980年代提出的構想說起。

第一節　綜合安全保障外交的概念

　　所謂的安全保障,一般是指排除軍事威脅,保護國家領土主權的完整,以及護衛國民的生命與財產。然而,日本所謂的安全保障,則是綜合性的概念,除了軍事性的威脅外,國家的安全尚須考量經濟、食糧、文化、能源,以及大規模地震災害等綜合性的要素,換言之,國家的安全保障是綜合性的概念,正是所謂的「綜合安全保障」(日文稱為「総合的安全保障」)。衛藤瀋吉將「綜合安全保障」視為政策(行動)的原理,而「考量國家的保障時,並非單以有備於他國的軍事威脅為目

標，應更為廣泛地考量，經濟等其他與安全保障相關的目標也應作為重要的國家目標；而且，為了達成國家目標，將軍事要素限制在最小必要限度之內，而最大限度地活用非軍事性要素」。

日本作為「海洋國家」更應該重視「綜合的」安全保障外交政策。日本作為通商國家，依存於自由貿易體制，而自由貿易體制則立基於和平的國際社會環境。因此，日本除了迴避戰爭外，必須利用各種外交手段，建構和平的國際社會環境。

「海洋國家」是「大陸國家」的相對性概念，雖然沒有明確的定義，然而，一般而言，海洋國家從地理學上的條件來看，國土四面（或大部分）環海，資源缺乏，若是遭遇海上封鎖，則陷入危難。反之，大陸國家則在資源上比較具有自給自足的特性，雖然可能部分的國土面臨海洋，但是比較不重視海洋權益，例如古代中國。從日本的地理特性而言，正是所謂的海洋國家。另外，所謂的「島嶼國家」雖然在地理條件上與「海洋國家」無異，但是比較偏向封閉（鎖國）、欠缺國際觀的概念，而海洋國家則比較開放、重視對外的發展。例如日本的德川幕府時代頒布鎖國令，推行鎖國的外交政策，當時的日本可說是「島嶼國家」。

第二節　1980年代的綜合安全保障外交

一、背景

戰後的日本經歷過美國的軍事占領、解除武裝、恢復獨立、再武裝、經濟成長，以及加入國際社會等外交過程，不同的外部環境孕育出不同的外交政策。日本的外交政策在1970年代出現嚴重的挑戰，如何建構和平的國際社會環境，成為日本外交的重要課題。日本面臨的挑戰簡述如下：

首先是石油危機帶來的衝擊。1973年10月第四次中東戰爭爆發，石油輸出國家組織（Organization of the Petroleum Exporting Countries, OPEC）為了打擊敵國以色列及其支持國家，宣布減少對國際市場的石油供給，引發第一次的石油危機。日本經濟發展所仰賴的石油，當時從中東輸入的比例高達77.5%（1973年度），而

原油占一次能源的比例高達77.4%（1973年度）。而石油危機爆發後，日本輸入原油的價格，從1973年10月的每桶3美元上升到1974年1月的每桶11.6美元，上漲了3.9倍，日本的經濟首度出現負成長（實質經濟成長率為-1.2%），並出現嚴重的通貨膨脹。

第一次石油危機到1974年8月暫告一段落。然而，1978年10月發生了伊朗革命，又引發第二次的石油危機。親美的巴勒維政權下台，新的何梅尼政權一度終止伊朗原油出口，世界原油供給突然每日減少500萬桶，造成原油價格上漲。國際石油價格在1978年9月是每桶12.8美元，1979年上漲到每桶42美元，1980年11月再漲到42.8美元，石油價格上漲3.3倍。國際石油價格的飆漲，再度打擊日本的經濟成長。如何確保廉價與穩定供給的原油，成為日本經濟成長的關鍵課題。

其次是東南亞的反日運動。東南亞是日本工業製品的重要輸出市場，同時也是工業原料的主要輸入來源之一，例如馬來西亞的天然橡膠，以及印尼的石油。特別是石油危機之後，印尼石油供給的重要增加。而且，對日本而言，東南亞的地理位置相當重要，日本輸入的主要戰略物資，例如石油、鐵礦的海上運輸航線均經過麻六甲海峽與龍目海峽，日本總輸入的四成左右，也經過此二海峽，東南亞周邊的海上運輸航線可謂是日本的生命線。再者，東南亞廉價且優質的勞工，也是提供日本經濟、企業成長的條件。

但是，隨著戰後日本的經濟高度成長，1960年代後期開始，對東南亞的輸出大幅增加，引發東南亞國家的反日運動。例如，1972年秋天泰國發生抵制日貨運動；1974年1月日本首相田中角榮前往印尼訪問時，首都雅加達爆發大規模的反日暴動，迫使田中首相搭乘直昇機離開印尼總統府。

再者是南北問題引發的國際經濟秩序的變革。南北問題是指南半球的發展中國家與北半球的先進國家之間，因經濟發展不平衡所產生的問題。發展中國家在戰前大多為先進國家的殖民地，戰後雖然獨立建國，但是經濟貿易體制上，依然是先進國家工業製品的市場，以及工業原料的提供國，此種結構並未因戰爭結束而有改變。發展中國家受到石油危機的啟發，透過自身擁有的石油或天然資源，得以強化在國際上的地位。1970年代開始，發展中國家的民族主義高漲，南北問題因此產生。上述的東南亞反日運動，也可視為南北問題的一環。南北問題逐漸受到國際上的重視，聯合國於1974年4月召開資源特別總會，並通過〈建立新國際經濟秩序之

宣言〉（Declaration on the Establishment of a New International Economic Order）與
〈行動綱領〉，使南北問題正式成為國際議事的議題。南方國家的地位提升，改變
了國際經濟體制的基本架構。

　　美國軍事力量相對的降低則直接衝擊到日本的國家安全。美國的經濟力量因為
越戰的挫敗而出現雙重赤字（預算赤字與貿易赤字），軍事上則如同1969年的〈關
島宣言〉（The Guam Doctrine）所宣示一般，美國將逐步退出亞洲，並將以談判替
代對抗，改善與中國的關係。美國總統尼克森進而於1972年2月正式訪問中國，推
動關係正常化外交，美中蘇「大三角關係」出現結構性的變化。1979年12月，蘇聯
的武裝部隊入侵阿富汗，挑起美蘇之間的新冷戰，美國除了消減對蘇聯的穀物輸出
外，並對蘇聯實施高科技產品與戰略物資的禁運措施，同時呼籲同盟國杯葛1980年
的莫斯科奧運，美蘇關係全面性惡化。美國軍事力量與經濟力量的相對性衰退、中
國角色的崛起、美蘇關係的變化，均促使日本必須重新思考新國際秩序架構下的外
交戰略。

二、綜合安全保障外交的架構

　　日本面臨上述的挑戰，「日本應該做什麼？」、「日本應該邁向何方？」，日
本首相大平正芳於1979年4月2日設立私人諮詢機構「綜合安全保障研究小組」（總
合安全保障研究グループ），針對政治、外交、防衛、經濟、社會、科學技術等議
題，進行全面性地研討，建構日本未來的外交方針，對日本外交構想的產生以及外
交政策的制定，產生深遠的影響。「綜合安全保障研究小組」的召集人是和平暨安
全保障研究所理事長豬木正道，政策研究員暨幹事是名古屋大學教授飯田經夫與京
都大學教授高坂正堯，成員還有十八名產官學界的菁英。該小組於1980年7月完成
報告書，並提交給代理首相伊東正義（大平首相於1980年6月12日眾議院選舉競選
期間因心肌梗塞去世）。

　　報告書開宗明義指出，所謂的安全保障是指從各式各樣的威脅中保護國民的
生活。石油危機以前，安全保障偏重軍事威脅，而現今非軍事性威脅的嚴重性並不
下於軍事威脅。為了消除綜合性的威脅，必須有三層面的努力：第一是努力建構更

和平的國際環境，第三層是自助地努力排除威脅，而第二層是介於第一層與第三層之間，與理念或利益相同的國家護衛安全，努力將部分的國際環境營造成和平的國際環境。此三層面的努力彼此互補的同時，也存在相互的矛盾，因此保持「平衡」（balance）是首要之務。1970年代以前，美國在軍事面與經濟面均保持優勢局面，然而，1970年代以後美國的優勢已經消失。換言之，「美國維持的和平」已經結束，今後將是「責任分攤的和平」，亦即是由各國合作所建構的系統進行維持的國際社會，而日本在此系統中，不得再只追求自身的經濟利益。

在上述的基礎下，報告書將綜合安全保障區分為狹義的（傳統的）安全保障，以及經濟的安全保障。在對照三層面的努力下，報告書提出以下的努力方向：

狹義的安全保障方面：第一層面的努力（建構更和平的國際環境）包含國際合作，以及與可能成為敵國的國家合作，例如推動軍備管理，或建構信賴釀成措施等；第二層面的努力（中間位置的策略）包含同盟或是與政治理念或利益相同的國家攜手合作；第三層面的努力（自助）包含建立保衛國家的基本防衛力量、自助地排除威脅，以及培養即使犧牲也要保衛國家的氣概。

經濟的安全保障方面：第一層面的努力（相互依存系統的運作與維持）包含維持自由貿易體制，以及解決南北問題；第二層面的努力（中間位置的策略）包含與經濟上的重要的國家維持友好關係；第三層面的努力（自助）包含戰略儲備、建立某種程度的自給自足，以及維持生產性與輸出的競爭力（維持經濟力量）。

緊接著，報告書提出以下七個具體作為的建議：一是強化美日關係、二是強化自衛力量、三是改善日中、日蘇關係、四是建構能源的安全保障、五是建構糧食的安全保障、六是維持自由貿易體制、七是建立南北問題與經濟合作的架構。此外，「綜合安全保障研究小組」也對日本的國土安全提出建立危機管理體制的建言，為了因應大規模地震災難的發生，建議提升地震預知能力，並製作都市區劃地圖（micro zoning map），進行地震災難模擬實驗，藉以研擬因應對策。

第三節　新綜合安全保障外交的需求

冷戰結束後，特別是進入21世紀，安全保障環境產生重大的變革，因此調整外

交政策與戰略的需求也因應而生。與日本有關的安全保障環境的變革，至少包含以下的變化：

第一是國際政治中大國權力結構的變化。戰後美蘇兩強之間的冷戰決定了國際政治的架構，以美國為首的西方自由陣營對上以蘇聯為首的共產主義陣營。依據李普曼（Walter Lippmann）的定義，所謂的「冷戰」（Cold War）顧名思義並非是真槍實彈的戰爭，而是指「超大國之間的意識形態、政治體制、經濟體制、社會型態的對抗」。意識形態的對抗是指「民主主義vs.共產主義」，政治體制的對抗是指「民主政治vs.極權政治」，經濟體制的對抗是指「自由經濟vs.計畫經濟」，社會型態的對抗則是指「資本主義vs.社會主義」。美蘇兩強之間的緊張關係，到了1987年12月美國總統雷根（Ronald Wilson Reagan）與蘇聯總書記戈巴契夫（Mihail Sergeevich Gorbachev）簽訂〈蘇聯與美國關於銷毀中程與較近程飛彈條約〉（Intermediate Range Nuclear Forces Treaty, INFT）後，開始了美蘇關係的和解。該條約正式宣告兩方銷毀現有核武的5%，該談判促成美蘇軍備競賽速度的減緩。接著，柏林圍牆於1989年倒塌、蘇聯於1991年瓦解，美蘇之間的冷戰結構正式結束。

雖然蘇聯的威脅大幅降低了，但是中國卻逐漸崛起。中國得力於經濟改革的成果，軍事力量快速成長，而且從傳統的大陸國家逐漸蛻變為海洋國家，中國開始重視海洋權益，大力整備海軍力量，建造航空母艦，並將勢力向東海與南海延伸，挑戰既有的海上權益架構，增添不安定的因素。

第二是核武擴散、恐怖主義活動頻繁成為冷戰後的安全危機。北韓的核武開發以及彈道飛彈試射的結果，引發亞太局勢的緊張，加上金正恩體制的不穩定與不透明，更加重危機的程度。後冷戰時代，恐怖主義活動更為頻繁。恐怖主義活動與傳統的戰爭不同，既無「明言的」宣戰，亦無「可視的」正規軍的交鋒，攻擊手段更是防不勝防，可能無所不在的恐怖主義活動成為新的威脅型態。例如，2001年9月的「蓋達組織」（或稱「基地組織」）自殺式地攻擊美國紐約世界貿易中心、2002年10月印尼峇里島的爆炸事件，或是「伊斯蘭國」（The Islamic State, IS）人質斬首的非人道行為等，均造成國際社會的不安。2015年初，湯川遙菜與後藤健二等二名日本人被「伊斯蘭國」斬首，引發日本的不安與譴責。

第三是非傳統安全威脅的增加。隨著資訊科技（information technology, IT）的快速發展，以及全球化的進展，恐怖主義、國際犯罪組織、環境污染（例如沙塵

暴）、傳染病（例如SARS、新流感、伊波拉病毒）等容易跨越國界，增添國際社會的不安。

　　第四是區域經濟整合的潮流。冷戰時代的區域整合以政治領域為主，例如1949年的北大西洋公約組織、1954年的東南亞公約組織、1955年的華沙公約組織、1967年的歐洲共同體。而後冷戰時代，區域經濟整合成為時代的潮流，例如1993年的歐洲聯盟、1994年的北美自由貿易協定、2006年的跨太平洋夥伴關係協議（Trans-Pacific Partnership Agreement, TPP）、「東協+3」，以及預定2015年成立的東協經濟共同體（ASEAN Economic Community, AEC），透過減少或廢除彼此間的貿易障礙，強化經濟的合作關係。然而，區域經濟整合除了經濟元素外，必須注意的是美國、中國等大國的政治角力，對經濟整合投下政治的不安定因子。例如，TPP與APEC便是明顯的例子。中國國家主席習近平於2014年11月的APEC會議正式提出「一帶一路」的倡議，2015年3月主導成立「亞洲基礎建設投資銀行」（Asian Infrastructure Investment Bank, AIIB；亞投行），其間過程也充滿美中兩國的政治角力。

　　面臨上述的國際局勢的變化，日本正積極地籌劃未來的外交戰略布局。例如，2013年12月在安倍晉三首相的主導下，成立「國家安全保障會議」（議長為首相），同時成立「內閣官房國家安全保障局」作為事務局，透過內閣官房的綜合協調權限，致力於企劃、立案、綜合調整與國家安全保障相關之外交暨防衛政策的基本方針或重要事項。第一代內閣官房國家安全保障局長為谷內正太郎。谷內正太郎出身外務省，擔任過駐美大使館參事、洛杉磯日本總領事館總領事、外務省條約局長、外交政策局長。谷內在安倍第一次政權時擔任外務事務次官，並於第二次政權時被任命為內閣官房參事，內閣官房國家安全保障局成立時，立即被任命為第一代局長。谷內於2008年到2011年期間，召集產官學等外交、安全保障、經濟、科技等專業人士，針對日本未來的外交及綜合安全保障戰略進行研議，並出版專書。日本對於外交及綜合安全保障戰略的構想與作法，值得我國借鏡。

第四節　能源外交

(一)日本的能源輸入依存度

　　就地理條件而言，日本是典型的海洋國家，缺乏天然資源，工業發展的主要天然資源幾乎全仰賴進口。日本為了維持經濟的發展，確保廉價而且穩定的能源供給，成為經濟安全保障的重要課題。

　　從圖10-1主要國家對能源輸入的依存度便可清楚看出，日本對全體能源輸入的依存度高達93.7%，對石油輸入的依存度更高達99.7%，都是主要國家中最高的。另外一提的是，近年美國在頁岩油開採上的進展，對於石油輸入的依存度會再降低，同時也會影響國際石油輸出的構造與價格；而中國對全體能源與石油的輸入依存度都不高，是支撐經濟穩定且快速成長的重要原因。

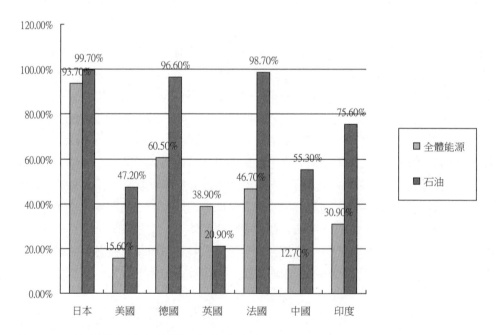

圖10-1　主要國家對能源輸入的依存度

資料來源：數據資料取自経済産業省資源エネルギー庁《平成25年度（2013年度）エネルギーに関する報告書》。

　　日本在輸入的能源中，支撐經濟發展的石油的狀況最受到關注，特別是日本對中東石油的高度依存度，對日本的能源外交具有關鍵的影響力。從表10-1日本對中東原油的依存度可明顯看出，日本對中東的石油具有很高的依存度，大致而言，1970年代初期以前維持在80%以上，而在二次的石油危機的經驗下，日本政府致力於分散石油輸入來源，以及替代能源的開發，對中東石油的依存度於1987年度一度下降到67.9%。但是，進入1990年代以後，隨著中國、印尼、墨西哥等國家的原油輸入的減少，對中東的原油依存度再度攀升，1996年再度突破80%，爾後便一直維持在80%以上，2004年、2005年、2006年、2009年甚至逼近90%。

　　為何日本對中東石油的依存度會受到關注？除了日本對中東原油的依存度高之外，中東地區的局勢不穩定影響原油輸入的穩定度，也是重要的原因。既然如此，為何日本對中東的原油依存度會居高不下呢？主要原因有二：第一是對日本而言，若與非洲等其他地區生產的原油相較，中東的原油相對地便宜，而且中東原油的品質（重質、高硫磺）比較容易提煉出石油或輕油等製品（成本較低）；第二是若與非洲相較，中東原油的運輸路線較短，而且能用大型油輪運輸，經濟上比較廉價。

表10-1　日本對中東原油的依存度

年度	1963	1964	1965	1966	1967	1968	1969	1970	1971	1972
依存度	84.5%	87.0%	88.3%	90.0%	91.2%	90.3%	87.3%	84.6%	84.0%	80.7%
年度	1973	1974	1975	1976	1977	1978	1979	1980	1981	1982
依存度	77.5%	77.3%	78.2%	79.5%	77.7%	77.9%	75.9%	71.4%	69.3%	70.4%
年度	1983	1984	1985	1986	1987	1988	1989	1990	1991	1992
依存度	71.2%	71.0%	68.8%	68.0%	67.9%	68.4%	71.3%	71.5%	73.9%	75.2%
年度	1993	1994	1995	1996	1997	1998	1999	2000	2001	2002
依存度	77.2%	77.3%	78.6%	81.0%	82.7%	86.2%	84.6%	87.1%	87.9%	85.3%
年度	2003	2004	2005	2006	2007	2008	2009	2010	2011	2012
依存度	88.5%	89.9%	89.3%	89.2%	86.7%	88.1%	89.5%	86.6%	85.1%	83.2%

(二)能源外交的措施

　　除了中東原油的依存度外，日本對於天然瓦斯與煤礦的輸入依存度也高達96.9%與99%，所以，確保能源來源的穩定成爲能源安全保障的重要課題。日本政府採取以下四措施，藉以確保能源的廉價與穩定：

　　第一是強化與能源國的互惠合作關係。日本政府透過駐外使館的大使或總領事進行日常性且多元性的活動、首相或外務大臣等外交活動的戰略性應用、政府開發援助（Official Development Assistance, ODA），或透過雙邊投資協定或自由貿易協定（Free Trade Agreement, FTA）或經濟夥伴協定（Economic Partnership Agreement, EPA）等，整備投資環境，強化雙邊國家的多元性且互惠性的合作關係，藉以確保能源的廉價且安定的供給。

　　第二是強化駐外使館的情報蒐集體制。透過世界各地的駐外使館，積極地蒐集情報與建立人脈。有鑑於能源的嚴峻情勢，日本政府爲了強化資源國家的駐外使館與外務省及相關省廳的合作關係，於2009年開始召開「能源暨礦物資源駐外使館戰略會議」，作爲推動能源外交的平台。而且，日本政府於2013年2月在外務省新成立「能源暨礦物資源專門官制度」。在2015年的時間點上，日本政府在50個國家的55個駐外使館配置了專門官員（亞洲8個、大洋洲7個、北美洲4個、中南美洲7個、歐洲6個、中東6個、非洲17個，總計55個。每個使館設置一名專門官）。專門官的主要任務是在駐外使館擔任蒐集石油、天然瓦斯、煤礦以及戰略性礦物的情報，同時作爲民間企業與相關機構的聯絡協調窗口，藉以強化能源暨礦物的穩定供給。

　　第三是強化與國際機關或論壇的合作關係。有鑑於能源問題的重要性，近年的國際重要會議均討論到能源問題，日本也極力地參與其間。例如，外務省與相關省廳合作，積極參與G8、G20、APEC、國際可再生能源機構（International Renewable Energy Agency, IRENA）、國際能源總署（International Energy Agency, IEA），或國際能源論壇（International Energy Forum, IEF）等組織或論壇，以利迅速且有效地掌握世界能源的情勢與能源國的動態。

　　第四是確保海上運輸線的安全。近年，索馬利亞近海海盜猖獗，已經引起國際上的重視。日本政府於2009年6月成立〈海盜對策法案〉（海賊行爲の處罰及び海賊行爲への対処に関する法律），隨時得以派遣海上自衛隊前往索馬利亞等海域打擊海盜。而亞丁灣是指位於葉門和索馬利亞之間的阿拉伯海域，是船隻快速往來地中海和印度洋之間的必經海域，同時又是波斯灣石油輸往歐洲和北美洲的重要水

路。因爲亞丁灣海盜猖獗，所以又被稱爲「海盜巷」。

　　日本政府爲了確保能源海上運送航線的安全，推動與相關國家之間的情報共享與情報支援，而且，日本政府也針對索馬利亞近海與亞丁灣（Gulf of Aden）海域，派遣海上自衛隊進行日本或其他國家商船的護衛行動。

重要名詞解釋

石油輸出國家組織（Organization of Petroleum Exporting Countries, OPEC）：沙烏地阿拉伯、伊朗、伊拉克、科威特、委內瑞拉等國，爲了聯合對抗西方石油公司及維護石油的利益，於1962年11月成立的國際組織，目前成員國有十二個。石油輸出國家組織的成員國約共占世界石油蘊藏量的78%以上，對石油的國際價格具有決定性的影響。

田中角榮：1918年5月出生於日本新潟縣農家。1972年7月7日到1974年12月9日的期間，擔任日本第64任、第65任首相。首相在任期間，簽署〈中日聯合聲明〉，與中華民國斷交，並與中華人民共和國建交。田中首相最後因金錢政治問題下台。長女田中眞紀子也進入政界，成爲日本首位女性外務大臣（2001年4月25日至2002年1月30日）。

SARS疫情：中國大陸稱爲「非典型肺炎」，並簡稱作「非典」。2002年11月發生首例病情，隨後向外擴散至東南亞甚至全球，引發全球性的傳染病疫情，直到2003年中期疫情才逐漸穩定。我國於2003年3月14日於台北發現第一個病例，直到2003年7月5日世界衛生組織才宣布將台灣從SARS感染區除名。將近四個月的疫情期間，共有664個病例，其中73人死亡，疫情期間引發社會恐慌。

東協+3：是指東南亞國協與中國、日本、韓國等共同組成的經濟合作機制。因爲東南亞國協成員國有十國，所以又稱爲「東協十加三」。

亞洲基礎建設投資銀行（Asian Infrastructure Investment Bank, AIIB；亞投行）：中國國家主席習近平於2013年10月倡議成立的組織，成立目的是向亞洲國家或地區提供基礎建設的資金，以促進亞洲基礎建設的互聯互通與經濟整合。總部設於北京，法定資本爲1000億美金。中國財政部於2015年4月宣布，亞投行的意向創始會員國有57國。

國際能源論壇（International Energy Forum, IEF）：成立於1991年，2000年前被稱謂

「國際能源會議」。國際能源論壇是能源生產國與消費國之間，定期舉辦的部長及的重要對話，提供各國非正式的討論平台，以便在各主要能源生產國和消費國之間建立信任、資訊交流與加深對潛在的、具有世界性影響的能源問題的理解。成員國主導了90%的世界石油及天然氣供需。

問題與討論

一、請問何謂「綜合安全保障外交」，及其與傳統的「安全保障」有何不同。

二、請說明「大陸國家」與「海洋國家」的主要不同之處。

三、請說明1980年代日本策劃「綜合安全保障外交」的背景為何？

四、請說明對日本而言，21世紀的國際局勢有何新的變化？

五、請說明日本在能源需求上的脆弱性。

參考閱讀書目

谷內正太郎編（2011）。《論集 日本の外交と総合的安全保障》。東京：ウェッジ。

谷內正太郎編（2013）。《論集 日本の安全保障と防衛政策》。東京：ウェッジ。

五百旗頭眞編（2014）。《戰後日本外交史 第3版補訂版》。東京：有斐閣。

御厨貴、牧原出（2013）。《日本政治外交史（放送大学教材）》。東京：放送大学教育振興会。

細谷千博（1993）。《日本外交の軌跡》。東京：日本放送出版協 。

中津孝司（2009）。《日本のエネルギー戦略》。東京：創成社。

內閣官房內閣審議室分室・內閣総理大臣補佐官室編（1980）。《総合安全保障戦略：総合安全保障研究グループ》。東京：大蔵省印刷局。

防衛大学校安全保障学研究会著、武田康裕編（2007）。《安全保障のポイントがよくわかる本：安全と脅威のメカニズム》。東京：亜紀書房。

外務省（2004）。《日本のエネルギー外交》。東京：經濟安全保障課。

星山隆（2006）。〈海洋国家日本の安全保障：21世紀の日本の国家像を求めて〉。《IIPS Policy Paper 320J》（世界和平研究所報告書），http://www.iips.org/research/data/bp320j.pdf。

第十一章 聯合國外交

蔡東杰

學習目標

一、瞭解日本在二次戰後的國際地位問題，及其加入聯合國之經過與政策重點。

二、說明日本參與聯合國活動之國家利益考量，以及其如何反應在政策上。

三、歸納日本對聯合國活動之主要貢獻所在，並評估其由此所獲致之影響力為何。

四、分析日本推動聯合國改革之政策目標，與目前的進展與障礙所在。

第一節 日本參與聯合國之過程與概況

一、日本加入聯合國之挑戰與考量

(一)日本的戰後國際地位及其對策

所謂「聯合國外交」係指「針對提升在聯合國影響力所開展之外交」與「在聯合國框架內所進行之外交活動」等兩個部分，當然，這兩者彼此具有密切互動關聯，尤其在日趨全球化的時代當中，由於聯合國乃自二戰結束至今，當前最具普遍代表性的國際組織，其活動內涵既相當複雜，本章也試圖從日本的角度切入觀察。日本雖曾經於1920年加入聯合國前身的國際聯盟，並成為理事會4個常任理事國之一，但在1933年自行宣布退出後（由於抗議國聯李頓調查團針對九一八事件之調查報告），便暫時自絕於國際組織之外，直到在第二次世界大戰戰敗後，才又重新思索加入國際社會之道。

儘管聯合國（United Nations, UN）成立於1945年，至少在1945年至1952年間由於受到美國占領以致缺乏完整主權地位，日本既無從開展正式外交活動，自然也

沒辦法參與此一戰後最重要之國際組織。無論如何，隨著韓戰爆發加速〈舊金山和約〉之談判與最終簽署速度（目的在以日本取代已被赤化之中國，成為美國對遠東地區戰略支柱），在前述條約於1952年4月28日生效後，一方面盟軍最高司令部（GHQ）正式宣告結束軍事占領狀態，日本亦因此獲得重返主流國際社會的契機。

無論如何，由於聯合國憲章賦與安理會五個常任理事國「否決」特權（包括針對新成員入會問題在內），再加上冷戰爆發後隨即陷入美蘇對峙僵局，即便日本重獲主權地位，想立即加入聯合國也未必可能。不過，日本非但在1946年便由外務省推動加入聯合國的相關研究，堅持將「日本請求加入聯合國，並將遵守其一切原則」寫入〈舊金山和約〉前言，首相吉田茂也在1952年初將「儘早加入聯合國」列入其對國會演講的重點內容，並於前述條約生效同時，由駐紐約總領事遞出加入申請書，同年順利在美國支持下，加入國際貨幣基金與世界銀行等經濟組織後，次年（1953）又成功被聯合國接納為觀察員，並於紐約設立專門辦事處。從另一角度看來，由於聯合國乃美國在戰後一手扶植策劃成立的工具性機制，對日本來說，加入該組織除確認自身獨立地位之外，也有鞏固作為美英自由聯盟成員的政治象徵意義。

(二)日本加入聯合國之過程

日本雖積極努力想加入聯合國，畢竟無法立即跨越冷戰對立藩籬。首先，為確認日本作為亞洲「反共防波堤」與自身同盟成員，美國傾向將美日媾和與日本加入聯合國一起「包裹」處理，亦即日本必須先同意美國的媾和條件（同意成為遠東圍堵網前線），再談加入聯合國問題。

其次，更關鍵的還是蘇聯的影響。例如後者便以「應先與中共及蘇聯締結和平條約」為由，直接否決其加盟。為避免蘇聯持續動用否決權反對其加入，日本首先在鳩山一郎於1954年擔任首相後高舉「獨立自主外交」旗幟（意指與美保持距離）來拉攏蘇聯，接著則利用同年韓戰結束與1955年亞非會議召開，冷戰結構稍現緩和氛圍的機會，由鳩山在1956年10月訪問蘇聯，並透過簽署〈日蘇共同宣言〉以啟動與蘇聯之間的雙邊關係正常化進程，隨即於12月12日前述宣言生效後，在18日加入並成為聯合國第77個成員，同年並當選安理會非常任理事國；自此，「以聯合國為中心」便成為日本對外政策的關鍵部分。

(三)負責聯合國外交之政府機構

日本在加入聯合國後,於外務省中設置「國連局」(聯合國局,日本的局等於我國外交部的司級單位)負責相關業務,直到1993年機構調整,被整併進新成立的總合外交政策局(業務由國連企畫調整課與國連政策課分管)為止,部分業務同時由經濟局(例如涉及聯合國農糧組織、海洋法、貿易暨發展會議等事務)、經濟合作局(負責連繫聯合國開發計畫署)、條約局(主管國際法院、國際法委員會等業務)等分管,另外在美國紐約、瑞士日內瓦、奧地利維也納分別設置駐聯合國代表機構。一般估計,日本外務省約有十分之一人力與聯合國事務直接或間接相關。

二、日本對聯合國外交之目標演進

(一)透過聯合國重返國際社會(1950-1970年代)

對日本來說,加入聯合國不僅是確認其重獲主權地位的重要象徵,或許更重要的是,這使它可援引〈聯合國憲章〉第51條關於「集體自衛權」的規範,為美國繼續駐留日本找到正當性。更甚者,日本在1956年加入聯合國後,隨即由岸信介政府於1957年透過首度發布的《外交青書》(藍皮書),公開揭櫫「以聯合國為中心、與自由主義國家協調、堅持做為亞洲一員」等戰後初期所謂的「外交三原則」。無論如何,作為第二次世界大戰的戰敗國,且因公開戰犯審判導致深陷道德陰影,國際形象跟著一落千丈,如何透過參與聯合國此一戰後最具代表性之普遍組織來扭轉劣勢,自然對其正常地重返國際至關重要。

(二)突顯過渡中立性角色(1980年代)

在1970年代末期,一方面美蘇冷戰逐漸進入「低盪和解」階段,其次美國與中共也透過1972年尼克森訪問與1978年建交而啟動「關係正常化」進程,再加上第三世界所主導的「不結盟運動」攀向高峰並蔓延至聯合國場域,這些既動搖了美國對聯合國的態度,當然也影響了日本之態度與相對地位,例如在連任四屆安理會非常任理事國之後,日本在1978年投票中輸給相對實力遠遠落後的孟加拉便是一大警訊。自此,它一度也選擇淡出相關活動。

(三)透過聯合國提高國際地位（1990年代迄今）

　　無論如何，隨著戰敗陰霾逐漸淡去，以及自身顯著之經濟崛起（其GDP在1992年達到美國的62%，並為德國的2.1倍，平均GDP更躍居G8首位），日本不僅承擔聯合國會費比例從1956年的1.97%升高至1988年的10.84%，超越蘇聯名列第二，冷戰期間六次當選安理會非常任理事國的事實，亦大大提升其國際政治能見度，甚至外相愛知揆一早在1970年便公開要求檢討安理會的構成方式；其後，無論中曾根康弘首相在1983年聲稱日本應扮演「政治大國」，抑或竹下登首相在1987年強調要建設一個「對全世界做出貢獻的日本」等，這些既奠定該國迄今不變的正常化國家路徑，一方面宮澤喜一首相在後冷戰初期的1992年再度確認了日本將以聯合國作為其外交中心，外相河野洋平更在1995年將聯合國視為三個「同心圓」戰略目標之一。這些不啻都明顯呈現出，日本對聯合國外交顯現愈趨積極主動的政策內涵。當然，隨著冷戰階段畫上句點，原來由於美蘇對峙導致聯合國功能遭到架空的障礙也跟著消除，其結果不但提升了聯合國的政治地位，也讓日本對聯合國外交更具意義。

第二節　日本對聯合國外交之內容與影響

一、日本對聯合國外交之利益考量

(一)擺脫戰敗國陰影與負面形象

　　聯合國組織不僅成立於第二次世界大戰結束之後，其目標一方面如序言當中所言「欲免後世再遭今代人類兩度身歷慘不堪言之戰禍」，至於曾經為世人帶來戰禍的前戰敗國（尤其德國與日本）更為防範對象，這也反映在「敵國條款」的內容中；例如憲章第53條直接定義「本條第一項所稱敵國係指第二次世界大戰中為本憲章任何簽字國之敵國而言」，第107條則規定「本憲章並不取消或禁止負行動責任之政府，對於在第二次世界大戰中本憲章任何簽字國之敵國因該次戰爭而採取或授權執行之行動」。前述條款之存在既不斷提醒一般人，若干國家對全世界帶來之傷

害，尤其對受限於「和平憲法」而沒有太多國際行動空間的日本來說，其限制尤爲明顯。

(二)作為邁向「正常國家」之正當性來源

相較於消極地消除世人發動戰爭的負面形象，就更積極角度而言，無論是1992年通過的支援PKO法案，還是1998年的〈周邊事態法〉，抑或2003年通過的「有事三法」（包括武力攻擊事態法、安全保障會議設置法修正案和自衛隊法修正案）等，既爲日本參與以聯合國爲主之準軍事行動提供正當性基礎，一般認爲也回應了日本內部政治菁英從1980年代以來不斷出現的「政治大國」、「正常國家」等政策呼聲，例如海部俊樹首先便在1990年公開宣稱「世界正處於歷史性變化當中，日本應積極參與構築國際新秩序」，至於小澤一郎在1993年所出版的《日本改造計畫》更引爆討論風潮。

(三)為爭取成為安理會新常任國提供說服力

事實上，日本早在1957年便由外相藤山愛一郎在聯合國大會上提出修改憲章的問題，至於其戰略是：先求擴張安理會非常任國，再求推動修改憲章以完成先例，最終達到擴張常任國的目標。據此，在大會於1963年通過擴張安理會非常任理事國議案後，日本於1969年到1970年間數度倡議應改組安理會，甚至美國國務卿也在1972年聯合國大會上首次公開支持日本成爲新的常任理事國，但最終仍因前述美日在1980年代淡出聯合國組織而暫時不提。無論如何，日本長期以來對聯合國出錢出力的作爲，乃其說服世界各國的正當性來源。

二、日本對聯合國組織之主要貢獻

(一)經濟援助方面

正如前述，日本在1988年以10.84%超越蘇聯，名列聯合國會費第二分擔大國之後，迄今不僅名次始終不變，分擔比例更曾於2000年達到20.57%的最高峰狀態（等於英國、法國、俄羅斯與中國等四個安理會常任理事國貢獻總和，目前回降至10.83%）；更甚者，相較於美國雖身爲分擔會費最大國，但也是最主要的拖欠債

務國（在2014年總數爲35億美元的欠費中占了8億，第二名爲拖欠7700萬美元的巴西），日本總是即時、完整地繳交會費。事實上，日本不僅以長期高度會費貢獻比例作爲爭取成爲安理會新常任理事國的正當性基礎，由於聯合國成員有三分之二屬發展中國家，需求外援孔急，這也成爲它廣泛拉票的主要籌碼。例如日本政府提供之開發援助（ODA）曾於1991年到2000年連續位居世界首位（2011年迄今位列全球第五），自1992年通過PKO法案後也成爲僅次於美國的第二大捐助國（提供PKO經費10.833%），1984年-2003年間提供聯合國教科文組織20%以上經費，2010年以來也成爲聯合國開發計畫署最主要援助來源。

(二)國際活動方面

首先，日本自1989年起開始參與聯合國維持和平行動（PKO），1990年更趁第一次波灣戰爭爆發契機，首度由內閣向國會提出派兵法案，尤其1992年正式通過〈協助聯合國維持國際和平活動法〉取得合法基礎後，至2013年共參與過13個PKO任務（1992年支援柬埔寨維和工作乃自衛隊首度出國執勤），投入達9300人次以上，目前參與主要活動有四項：在敘利亞戈蘭高地執行停戰監督任務的聯合國脫離接觸觀察員部隊（UNDOF）、2010年大地震後進行重建支援的聯合國海地穩定特派團（MINUSTAH）、在東帝汶以監視停戰爲主的東帝汶綜合特派團（UNMIT），以及南蘇丹地區特派團（UNMISS）等，迄今仍有400名自衛隊員駐紮在南蘇丹。其次，日本在2001年通過了〈反恐措施特別法〉（2003年、2005年、2006年、2007年曾四度延長期限），藉此由海上自衛隊在印度洋地區執行了約800次支援性任務。

第三，日本致力於在開發問題與裁軍方面，透過主辦會議扮演積極角色，自1994年以來每年都向大會提交有關核武裁減建議案，1997年到1999年也連續提出遏止小型武器販運的議案。第四，日本爲派駐聯合國祕書處工作人員第四多的國家（次於美國、德國與法國），目前約有800名日本人在聯合國所屬機構任職，日本目標是在2025年提高至1000人；除此之外，2001年到2003年擔任副祕書長的明石康乃第一位在聯合國任職的日本人，1991年到2001年擔任聯合難民事務高級專員的緒方貞子也擁有「非洲之母」的美稱。最後，迄今約有17個聯合國機構（包括辦事處）常駐日本，例如設於東京的聯合國大學等，這些都有助於日本與聯合國組織之聯繫。

三、日本積極參與聯合國獲致之影響

(一)國際地位明顯提升

　　至2016年為止，日本共11次當選聯合國安理會非常任理事國，同時擔任過15次經濟社會理事會的理事國，總次數在會員國中名列第一，2006年又當選首屆人權理事會的理事國，這些不但反映出其國際影響力，日本亦藉此提升其國際地位。當然，此結果除了是日本政府努力所得之外，國民的支持亦不可或缺；例如根據內閣民調結果，一般民眾對支持派遣自衛隊至海外的比例，從1992年首度調查時的46%迅速升至2000年的80%。

(二)有助於透過機構改革成為安理會新成員

　　無論是2004年名人小組所建議的A方案，亦即應為亞洲地區預留兩席新常任理事國席位，或者是2005年秘書長安南在針對聯合國未來改革所提出的報告中，將「分攤聯合國經費」與「積極參與PKO活動」列為安理會新常任理事國的條件，既有為日本量身定做的影子，也證明其努力得到正面回應。

第三節　日本對聯合國外交之特徵與發展

一、日本對聯合國外交之特徵

(一)追隨美國之從屬地位

　　在二次大戰結束後，美國與蘇聯隨即在冷戰初期形成兩極對峙態勢，並由此引領國際政治發展；在此背景下，日本一方面自占領時期起便成為美國陣營不可或缺的一部分，戰後初期充滿功利實用色彩的「吉田主義」（Yoshida Doctrine，強調對美國一邊倒並突顯經濟增長至上的戰略目標）更使「美日基軸」與「經濟外交」成為日本對外政策重心，從而突顯出「追隨者」之角色特徵。例如1950年到1960年代的「中國代表權」議題便是一大例證，總體來說，日本與美國在聯合國的投票一致率高達94%左右。儘管蘇聯解體導致國際結構內涵出現重大轉變，日本迄今仍未出

現放棄追隨美國政策的跡象。

　　值得一提的是，在涉及兩岸（中國代表權）問題方面，根據日本政府在2015年公開解密的外交文件顯示，在1971年台灣退出聯合國時，當時首相佐藤榮作曾以提供「經濟援助」為條件，說服其他國家支持讓中華民國留在聯合國，其態度是「不阻止中共加入，但反對台灣退出」，但最終仍遭多數否定。

(二)作為新觀念（人類安全）主要倡議者

　　隨著人類安全（human security）概念於20世紀末逐漸浮現，一般認為日本乃亞太，甚至全世界最積極推動相關理念的國家。例如首相小淵惠三在1998年便公開提倡將21世紀視為「以人類為中心」的世紀，並將推動人類安全理念做為日本外交重要工作；其後在1999年版《外交青書》將「人類安全」定義為「所有對人類生存、日常生活與尊嚴的廣泛威脅，例如環境退化、侵犯人權、跨國組織犯罪、非法毒品走私、難民、貧困、殺傷性地雷，以及其他如愛滋病之傳染疾病等，以及對抗這些威脅之努力做法」後，翌年（2000年）又進一步詳細說明日本政府推動「人類安全」的緣起、過程與實際政策作法。為落實此政策方向，日本決定提供420萬美元經費，在聯合國之下設置一個「人類安全信託基金」，讓相關國際性功能組織（例如UNDP、UNICEF、UNHCR、WHO等）能夠彈性且適時地資助全球有關「人類安全」之發展計畫，2001年，前聯合國難民公署日籍專門委員緒方貞子與聯合國秘書長安南更在東京宣布設立「人類安全委員會」的計畫，緒方貞子及1998年諾爾經濟獎得主沈恩（Amartya Sen）則擔任此委員會的共同主席。

二、日本對聯合國外交之主要制約

(一)泡沫危機導致經濟影響力下降

　　在「和平憲法」限制下，相較於有限之國際政治活動空間，以奇蹟重建為基礎的經濟實力本即日本外交政策的重要籌碼；不過，以1992年股市日經指數暴跌為開端，陷入被稱為「平成景氣」長期蕭條階段的日本，衰退態勢在1998年首度出現GDP負成長後更為明顯，儘管政府採取各項措施試圖復甦經濟，國債總額仍自1990年約7兆日圓迅速增至2013年的1000兆日圓（約30年稅收額才能還清），這對仰賴

經濟推動外交的日本而言,自然是沉重負荷。

(二)歷史問題未解帶來長期正當性挑戰

儘管近年來日本國內對於推動聯合國外交,存在「積極論」、「慎重論」或甚至「反對論」的不同看法,小泉純一郎首相時期掀起的參拜靖國神社問題也未必獲得輿論共識,但類似行為一再出現,再加上政府始終未能正視戰時慰安婦爭議,以及不斷引發討論的歷史教科書修改問題,這些都讓日本相較於同樣身為戰敗國的德國,擁有明顯不同的形象與評價。不僅在鄰國間引發爭議,也為其透過對聯合國外交獲致更高國際地位,埋下揮之不去的陰影。

(三)國際結構變遷提供不確定變數

正常來說,一國的外交政策必須反應外部國際環境變遷,當前全球格局不僅正經歷冷戰結束以來的根本性結構調整,其最大特徵乃從原先的兩極體系轉向更具多極化方向發展;對於自1950年代以來持續對美國「一邊倒」,並以「美日基軸」作為戰略設想核心的日本來說,不啻是一大挑戰。事實上,由於第三世界崛起並引發南北衝突,加上聯合國大會「一國一票」原則亦有利於中小國家,其結果在挑戰美國對聯合國影響力之餘,一方面使其部分淡出聯合國事務(長期拖欠鉅額會費便是一例),但也未必放棄這個由美國自己搭建的舞台,換言之,美國或許並不希望因擴張安理會常任理事國,致使自身影響力遭到稀釋。前述一連串發展,無疑都為日本的聯合國外交投下變數。

三、有關聯合國安理會改革議題

(一)日本針對安理會改革之基本態度

日本針對聯合國機構改革內容的態度大致是:首先是保障不侵害現存五個常任理事國的既有權益,其次是強調不將損及安理會的工作效率,第三則支持透過區域平衡來選拔新的常任理事國,最後則自我設限地聲稱新的常任理事國未必擁有否決權,可說是面面俱到的政策;一般也被認為是種「曲線入常」,充滿妥協色彩的戰略安排。

(二)日本針對安理會改革之主要作為

　　隨著後冷戰時期的來臨，首先是外相河野洋平於1994年向聯合國大會的演講中，公開宣稱「在獲得多數國家贊同的基礎上，日本已準備好爲擔任常任理事國履行責任」；隨著相關議題陸續浮出檯面，加上秘書長安南提出改革建議案的推波助瀾，日本外務省於2004年正式成立「聯合國改革對策本部」後，一方面推動在同年聯合國大會中通過取消「敵國條款」的建議案，並順勢在2005年5月由外務省召回全體駐外大使並發布動員令，全力爲爭取安理會新常任國席次發起第一波攻勢；同年，日本更聯合了志同道合目標一致的德國、印度與巴西組成了「四國聯盟」（G4，各自代表歐洲、南亞與拉丁美洲不同地區），一起發動聯合國改革遊說。

(三)日本推動安理會改革之主要障礙

　　儘管日本在聯合國改革方面希望提出兼顧各方利益的建議，畢竟國際關係環境相當複雜，例如巴基斯坦、義大利、加拿大、西班牙、阿爾及利亞、韓國、墨西哥、阿根廷和肯亞等12國便聲稱代表「咖啡俱樂部」（聯合國內的非正式聯誼團體，因經常舉行咖啡聚會得名，有超過70個成員），在2004年表示反對增設安理會常任國，同年，日本駐聯合國副代表北岡伸一更直指中國、俄羅斯與英國都對日本的提議不表熱心，甚至美國也因反對德國加入而犧牲日本。

　　除此之外，日本國內對此積極政策其實也沒有共識，抱持「慎重論」與「反對論」者主要聚焦於軍事與財政議題（亦即反對修改和平憲法，並著眼於自身幾乎無解的泡沫經濟），更別說自1990年代以來更迭頻繁的內閣（1990年-2012年共更換16任閣揆，平均每任只1.3年），也讓政策無法順利持續推動。最後，即便日本在相關議題上能獲得包括大國與中小國家的支持，「須經三分之二以上會員同意，且獲安理會常任理事國認可」的聯合國憲章修改規範，仍是一道難以跨越的門檻。無論如何，隨著美國受伊拉克戰爭與金融海嘯衝擊拖累，影響力出現略微下滑跡象，相對地全球格局則浮現多極化特徵，由此，國際權力互動既愈發複雜，聯合國改革在短期內可能性頓減，再加上日本依舊無法突破泡沫陰霾，這些都不啻使其與安理會常任國席次的距離愈拉愈遠。

重要名詞解釋

聯合國中心主義（**UN-centric Doctrine**）：指岸信介政府在1957年透過外務省首度發布的《外交青書》（外交藍皮書），公開將「以聯合國爲中心」列入所謂「外交三原則」揭櫫之政策目標，亦即將聯合國作爲日本在冷戰時期主要之外交舞台與活動場所。

敵國條款（**Clause for Enemy State**）：爲回應其發起背景，並反映戰後初期依舊不穩定的國際局勢，聯合國憲章在第53條直接定義所謂「敵國」乃「第二次世界大戰中爲本憲章任何簽字國之敵國而言」，第107條則規定「本憲章並不取消或禁止負行動責任之政府，對於在第二次世界大戰中本憲章任何簽字國之敵國因該次戰爭而採取或授權執行之行動」。

人類安全外交（**human security diplomacy**）：自首相小淵惠三在1998年公開提倡將21世紀視爲「以人類爲中心」的世紀後，推動人類安全理念便成爲日本外交之重要工作，目的是藉由相關觀念倡議來達到引發國際注意，並獲致道德制高點的目標。

聯合國安理會改革（**Reform of UN Security Council**）：美國研究和平委員會早在1970年建議日本和印度應爲常任理事國同時，提出一項關於「半常任理事國」的倡議；1972年奈及利亞再度主張擴大安理會，以保證常任理事國之地區代表性；1979年，阿爾及利亞、阿根廷、孟加拉、印度等十個國家再次於大會中要求把公平分配安理會席位和增加成員團數目的問題列入議程，但有關擴大安理會問題始終未獲正式審議。

問題與討論

一、請說明日本加入聯合國的過程爲何？其主要阻力何在？最終又如何克服？

二、自冷戰初期加入聯合國迄今，日本對聯合國外交在目標上經歷哪些變化？這些變化的根源又爲何？

三、在對聯合國外交當中，日本主要之國家利益考量爲何？

四、請說明日本在推動對聯合國外交時，主要面對之制約爲何？請舉出若干實際例證來加以說明並論述之。

五、在冷戰結束後，針對聯合國（尤其是安理會組織）改革問題，日本主要所持態度爲何？它如何說服其他國家接受自己主張？又遇到哪些阻力？至於其前景又該如何評

估？

參考閱讀書目

內藤嘉昭譯（2001）。《国連平和活動と日本の役割》。東京：文化書房博文社。

日本国際連合学会（2002）。《国際シンポジウム：21世紀の国連における日本の役割》。東京：国際書院。

北岡伸一（2007）。《国連の政治力学：日本はどこにいるのか》。東京：中央公論新社。

外務省編。《外交青書》。東京：外務省。

白川義和（2009）。《国連安保理と日本》。東京：中央公論新社。

杉江榮一（2007）。《日本国憲法と国連：日本小国論のすすめ》。東京：かもがわ出版。

明石康（2006）。《国際連合：軌跡と展望》。東京：岩波書店。

原田勝広（2006）。《国連機関でグローバルに生きる：日本の国連加盟50周年記念出版》。東京：現代人文社。

星山隆（2006）。〈海洋国家日本の安全保障：21世紀の日本の国家像を求めて〉。《IIPS Policy Paper 320J》（世界和平研究所報告書），http://www.iips.org/research/data/bp320j.pdf。

廖舜右

學習目標

一、回顧戰後日本經濟從復甦到擴張的發展階段。

二、探討日本政府在OECD中的參與政策及其變遷。

三、分析日本在國際自由經濟秩序建構中的角色。

四、說明二戰結束以來日本與歐洲雙邊關係演進。

第一節　戰後日本經濟的復甦與擴張

　　二次大戰前，日本為亞洲唯一工業化的國家；二戰結束至今，日本則為亞洲地區最早步入已開發階段的國家，並由戰後民生凋弊，一躍成為主導亞太區域經貿發展的領頭羊。基於此，本節首先將系統地回顧戰後日本經濟史，並從各階段演進中一窺日本邁向經濟大國的發展軌跡。

一、美軍占領與戰後經濟重建

　　日本於1945年8月向盟軍宣布願意接受〈波茨坦宣言〉，並由昭和天皇公布〈終戰詔書〉，盟軍隨即進駐日本，同時建立盟軍最高司令官總司令部（General Headquarters, GHQ）。直到1952年4月〈舊金山和約〉生效而恢復日本國家主權前，GHQ負責主導日本戰後國內政經改革，包括制訂和平憲法、司法改革、勞動改革、農地改革，以及經濟改革等政策措施。戰後日本的國民經濟面臨重大損失，原因除了長期戰爭消耗大量的人力、財力和物力外，盟軍原子彈轟炸破壞了工廠和

生產設施亦是主因。戰後第一年，日本的主要生產指標均遠低於戰前水平，工業技術比美國落後了30年，勞動生產率比英、法等國也低得多。自1945年起美國開始向日本提供財政支援，協助日本重建戰後之經濟，前後共提供二十一億三千五百五十萬美元的援助。此外，日本政府爲有效改善戰後國內通貨膨脹的問題，決定在資金和原料均嚴重不足的情況下採取「傾斜生產」方式。該生產模式旨在集中一切力量恢復和發展煤炭生產，將所生產的煤炭重點供應鋼鐵業，再用增產的鋼鐵全數投入煤炭部門，並以此煤鋼生產循環帶動整個經濟的復甦。1950年韓戰的爆發，亦提供日本經濟起飛的重要契機。由於日本離朝鮮半島最近，盟軍在韓戰所需之物資大多得仰賴日本的供給，而此一「特需」訂單有效消化日本經濟擴張下生產過剩的物資。

二、高速增長與邁向開放體制

　　1952年「國際貨幣基金」（IMF）及「國際開發銀行」同意日本加入成爲會員，並開始貸款給日本進行經濟設施之復建。1954年「神武景氣」開始，工業生產開始回復到戰前水平。1964年「北部灣事件」爆發後，美國爲擴大侵越戰爭規模，又向日本提出了40億美元的「特需」訂單。因此，到1973年越南戰爭結束時，日本貿易出口額比1964年增加了近4倍，這在很大程度上獲益於朝鮮戰爭和越南戰爭。對外貿易的發展，促進和帶動了日本其他各個行業的發展，1953年到1965年間，日本GDP每年以約9%的速度增長，進入了以製造業爲核心的經濟快速增長時期。在1970年代兩次石油危機的影響下，日本政府主導產業結構轉型，亦即用消耗資源少、附加產值高的知識密集型產業，取代大量消耗資源、消耗勞動和產生公害的重、化工業。日本政府爲了石油危機所帶來的衝擊，決定採取貨幣緊縮政策，來降低企業海外投資和減低民衆購買慾望。在貨幣緊縮政策的帶領下，日本經濟進入了調整階段，最後於1983年轉型成以出口導向爲主軸，整體經濟並因此恢復穩定成長階段。由於整體經濟轉爲出口導向，物美價廉的日本產品很快就擁有很高的市場占有率。

三、貿易逆差與廣場協定

　　日本當時貿易的對象主要以歐美市場爲主，其中以美國爲最大的貿易對象。日本在這段期間不僅累積了高額的外匯存底，同時也帶動本身經濟的快速成長。美國政府乃向日本提出抗議，希望日本能開放國內市場並調降關稅，以緩和日本與歐美國家的貿易逆差。但這些策略並未奏效，最終美國於1985年召集西方各大工業國家，以迫使日圓升值的方式來平衡彼此的貿易差額，並達成所謂的〈廣場協議〉（Plaza Accord），以縮小日本產品對各國所造成的貿易摩擦。

　　由於日圓不斷升值，降低了日本對外的出口競爭力。此時日本政府採用寬鬆的貨幣政策，再加上擴大政府的支出，來降低日圓升值對出口業所產生之衝擊，同時將原本以出口導向的經濟策略，轉換爲以擴大內需導向爲主軸。在這期間國際原油的供應趨於平穩，再加上政府主導寬鬆的貨幣策略和日圓不斷升值的推波助瀾下，日本經濟成長率持續居高不下，進而導致國外的熱錢大量流入日本。在政府政策的帶動之下，企業爭相擴廠增加生產，相對的就業機會也會增多，同時在日圓升值的帶領之下，國民所得也陸續提高；然而，流入的熱錢大部分並未眞正運用於增加生產或投資，反而流入非生產工具上（股票投資或是房地產炒作），民眾亦沈迷於日圓升值後帶來的國際熱錢所造成經濟高度成長的假象。

　　日本人亦開始堅信股價只漲不落、地價只升不降的「大和神話」，股市的市盈率高達80倍，大藏省更是預測日經指數不久將升至6到8萬點。此種不正常的經濟現象，也爲日後的泡沫經濟埋下了伏筆。

第二節　OECD與援外政策的形成

　　日本在1950年代以降國內經濟快速增長、資本自由化與援外政策（ODA）援外政策的推動下，成功奠定其經濟大國地位，並擴展國際與區域外交空間。1964年兩個重要事件象徵了日本終於走出二次世界大戰後的陰霾：第一，東京舉辦了奧運會與殘障奧運會，是亞洲第一個舉辦奧運的國家；第二，日本加入了「經濟合作暨發展組織」（OECD），成爲亞洲第一個加入該組織的國家。當時報紙的頭條寫著「日本終於加入了那些『大人』們的行列！」，顯示出加入OECD並晉升爲一個先

進國家，對日本而言是多麼強烈的象徵。

一、OECD組織發展沿革

　　OECD的前身爲「歐洲經濟合作組織」（OEEC）。該組織成立於1948年，旨在協助執行二戰結束後致力於重建歐洲的「馬歇爾計畫」。1961年「歐洲經濟合作組織」正式更名爲「經濟合作與發展組織」，其會員國亦擴展到巴西、南非、中國、印度、印尼等非歐洲國家。OECD的成立宗旨爲：「幫助各會員國政府實現永續經濟成長和就業，提升會員國生活水平並維持金融穩定，從而爲世界經濟發展做出貢獻。」其組建公約中亦明確指出：「OECD應致力於提供其會員國及其他國家在經濟發展過程中的穩固經濟擴展之協助，並在多邊和非歧視性的基礎上，爲全球貿易增長作出重要貢獻。」OECD目前有34個會員國，有助於提供各會員國政府一個一個得以相互間接直接進行討論、比較與協商各國經濟及其他相關問題的諮詢場所。會員國可以在OECD論壇框架下交流經濟發展經驗，爲共同的問題尋找答案，協調在國內外政策中合作實踐。其重要性在於，OECD本身雖然未被賦予凌駕於其會員國政府的法定權限，亦不具GATT或WTO般強制執行經貿談判與協商之仲裁功能，但藉由諮商與溝通協調過程所達成之共識，有助於減少會員國相互間的歧見與衝突，進而發崛並建立可供各會員國政府共同遵守之規範準則。亦即，會員國可透過OECD達成沒有約束性的建議（軟法律）或是有約束性的條約，而這些文件對國際經濟和貿易環境的改善方面，具有強大的推動力。

二、日本加入OECD之動機

　　戰後初期確立「吉田主義」（Yoshida Doctrine）外交路線後，日本政府開始利用對外援助爲主、經濟實力爲後盾的經濟外交策略，積極參與國際事務。事實上，戰後日本一度成爲全球最大的受援助國家，1946年到1954年間除接受美國約50億美元的援助外，也獲得IMF總額約8.6億美元的貸款計畫。但自1950年韓戰爆發後，「特需訂單」促成日本出口貿易的急速擴張，國內經濟不景氣現象逐漸好

轉，經濟活動更在1952年時達到二戰前之水準。循此政經發展態勢，1954年日本宣布加入「可倫坡計畫」（Colombo Plan），積極拓展對亞洲各國的技術合作；1956年成為聯合國第80個會員國後，岸信介（Nobusuke Kishi）內閣公布首份《外交藍皮書》，提出「以聯合國為中心、與自由主義各國協調、堅持做為亞洲一員」之外交三原則。因此，無論是1957年向亞洲開發基金所提出的「岸計畫」（Kishi Proposal），抑或通產省在1958年出版的首部《經濟合作白皮書》（MITI's White Paper on Economic Cooperation），均表現出日本政府將貿易增長與對外援助相連結，並以此確立其先進大國地位之強烈企圖心。1961年OECD正式成立後，日本政府即希望藉由加入該組織，以達成政治及經濟上之雙重目的：政治上，OECD於成立之初，有歐洲18國及美國與加拿大共計20個會員國，加入由美國及歐洲國家主導之OECD，可有效拉近日本與歐美主要大國之政治關係；經濟上，加入OECD形同取得富國俱樂部門票，可與同屬經濟大國的其他會員國協商討論經濟議題，實際參與國際政經秩序之建構與運作。

三、經貿自由化與援外政策

為加速邁向經濟自由化與國際化目標，日本政府除了在1952年加入IMF及世界銀行（World Bank）、1955年加入關稅貿易總協定（GATT），更陸續推動國家經濟發展計畫，包括1955年鳩山一郎（Ichirō Hatoyama）內閣「經濟自立五年計畫」、1957年岸信介內閣「新長期經濟計畫」，以及1960年池田勇人（Hayato Ikeda）內閣「國民所得倍增計畫」。此外，日本政府更於1960年6月擬定〈貿易外匯自由化計畫大綱〉，決定以三年後的1963年為目標，將進口自由化的比率提高到90%。1963年，日本經貿自由化率果真到達了92%，並在次年3月的IMF理事會中同意成為第八條國家，原則上放棄了長期以來對外匯的嚴格管制。1964年4月日本正式加入OECD，正式開啟對外開放經濟體制之新頁，並在OECD規章對資本自由化的要求下，進一步解除對國內、外資本流動之限制。

1964年12月佐藤榮作（Eisaku Satō）接任總理大臣，經貿政策由此邁入嶄新階段。在池田勇人經濟成長計畫的基礎上，佐藤內閣除了發行國債並進行金融體制改革，更提出「新全國總合開發計畫」。該計畫旨在透過大量公共投資帶動經濟成

長，特別是國土開發所需之交通基礎建設與大型工業基地，以解決1965年以來因生產及設備過剩所引發的經濟停滯，順利促成日本自1967年以迄1971年石油危機前的經濟榮景。值得注意的是，日本在1950年代以來經濟飛快的增長下，GDP先後超越英國、法國和德國，成爲僅次於美國的全球第二大經濟大國。循此，由於日本對海外市場和資源的依賴性也日益增強，爲能替本國經濟發展創造良好的外部條件，政府轉而積極推動對外經濟合作與開發援助，進一步制定了〈海外經濟合作基金法〉，並在相關省廳設立了管理ODA事務的專門機構。

ODA援助方式上，日本在1965年以前大多採「項目援助」，直到1966年後才出現「商品出口援助」，ODA的形式也趨向多樣化。例如，1969年日本加入〈國際穀物協定〉的「糧食援助計畫」，向糧食短缺的國家提供糧食援助；1970年代石油危機的衝擊下，90%以上能源須依賴進口的日本擴大對中東、波灣地區的ODA援助，僅1973年至1975年三年間就增長了13%。此外，1975年8月日本首相三木武夫與美國總統福特會談後，同意向埃及提供ODA，日本ODA自此超越了純粹開發援助的經濟目的和範疇，開始具備綜合安全保障與戰略援助的意義和作用。1980年代以後，相較於西方國家普遍陷入「援助疲勞」之際，日本仍以雄厚經濟實力爲後盾而不斷擴大ODA規模，一躍成爲世界上最大的對外援助國，並在1991年到1995年間連續5年榮膺「全球最大對外援助國」之頭銜。

第三節　日本與八大工業國組織

八大工業國組織亦稱「八國集團」（Group 8），意指由美國、英國、法國、德國、義大利、加拿大、日本，加上俄羅斯等工業大國組成之國際組織，以往被稱爲「富國俱樂部」。1970年代開始，全球主要資本主義國家的經濟形勢一度惡化，接連爆發美元危機、石油危機、布萊頓森林體系（Bretton Woods system）瓦解等經濟危機，重挫國際經濟秩序。八國集團的形成，正好提供主要工業大國商討世界經濟和貨幣危機、協調經濟政策，進而重振國際經濟秩序的重要契機。

一、美元危機與國際經濟失序

1944年7月西方主要國家代表於美國布萊頓森林召開「聯合國國際貨幣金融會議」，會後簽訂〈布萊頓森林協議〉，建立了一種以美元為中心的國際貨幣體系，基本內容包括美元與黃金掛鉤（35美元一盎司黃金）、其他國家貨幣與美元掛鉤，以及實行固定匯率制度。該體系同時建立了IMF和世界銀行等兩大國際金融機構：前者負責向會員國提供短期資金借貸，目的為保障國際貨幣體系的穩定；後者提供中、長期信貸來促進會員國經濟復甦。「布萊頓森林體系」建立後運作尚稱順暢，美國透過贈與、信貸、購買外國商品和勞務等形式，向全球散發了大量美元，客觀上提升全球各國的購買力。擴大美元流通的同時，固定匯率制則在一定程度上穩定了主要國家的貨幣匯率，有利於國際貿易的發展。

然而，在海外軍費支出與國際貿易逆差的影響下，美國財政赤字與國際收支情況持續惡化，因而造成美元貶值的壓力，並自1960年起爆發了多次美元信任危機。在預期心理影響下，各國紛紛拋售手中的美元來搶購黃金，使得美國黃金儲備急遽減少。1949年美國的黃金儲備為246億美元，占當時整個資本主義世界黃金儲備總額的73.4%；1968年底，美國占有西方世界的黃金總量的比例已經下降到25%。1971年8月美國總統尼克森宣布實行「新經濟政策」，終止履行外國政府或中央銀行可用美元向美國兌換黃金的義務；同年12月美國與其他國家達成〈史密森協定〉，美元對黃金貶值，且不再向國外中央銀行出售黃金。

至此，美元與黃金掛鉤的體制名存實亡，西歐國家在1973年甚至出現拋售美元的現象，國際社會對美元的信心至此嚴重崩壞。隨後，主要西方貨幣實行了對美元的浮動匯率，正式宣告「布萊頓森林體系」所建構之國際政治經濟秩序完全垮台。

二、八國集團的形成及其演進

八大工業國組織（G8）一開始是以非官方論壇的形式出現。1975年，法國總統德斯坦邀請德國、美國、日本、英國和義大利領導人於巴黎近郊召開會議，針對

匯率爭議以及石油危機交換彼此意見。按照法國總統原先的設想，這是一次小型委員會而非正式會晤，但會後各國領導人一致決定每年舉行，並邀請加拿大與會。這樣1976年便形成了七國集團。由於上述七國GDP占當時世界總量2/3，貿易額亦占1/2，堪稱名符其實的「富人俱樂部」。1998年G7伯明罕峰會上，俄羅斯正式加入會議，從而形成了八國集團。然而，該組織於2014年3月在荷蘭海牙召開特別會議，決定聯合抵制原定6月在俄羅斯索契舉行的八國集團峰會，改在布魯塞爾舉行七國集團峰會，並於會後暫停俄羅斯會員身分，因此G8又變回G7。目前，G7仍涵蓋了全球近一半的貿易出口及工業產值，且將近一半的國際貨幣基金，也由這七大工業國提供。

　　由於G7或G8都是全球舉足輕重的國家，相當關心會員國與全球其他國家之間的政治經貿互動，包括總體經濟管理、國際貿易、成員國與開發中國家之間的關係、東西方貿易交流等。歷次會議除了討論經貿議題之外，也把全球安全問題納入其中，例如核武問題與反恐行動等，議題相當廣泛。此外，G7除了成員國彼此之間商談經濟與國際安全問題之外，也經常邀請其他新興工業國家共同參與，中國大陸、印度、南非、巴西、墨西哥與哈薩克等國領袖都被邀請過。值得注意的是，G7不具備法人資格，也沒有常設秘書處。而由於G7不能採取任何強制性的措施，因此不會與聯合國、世貿組織或其他國際金融機構產生直接的競爭關係。換言之，G7可視為一個工業化國家的俱樂部，會員國透過定期的會晤與磋商，協調各國對國際政治和經濟問題的看法和立場。

三、日本在八國集團中的參與

　　延續1950年代中期以來先進國外交路線，日本政府在加入IMP、世界銀行、GATT以及OECD後，仍不斷以其全球第二經濟大國身分參與國際經濟事務。1970年世界博覽會在日本大阪舉辦，不僅首開亞洲國家舉辦之先例，日本更藉此向世界宣布已成為「現代工業國家」。然而，日本龐大的貿易盈餘和外匯儲備亦引發歐美國家關注，相繼以日圓被嚴重低估為由，指責並逼迫日圓持續升值。誠然，歷經1973年石油危機以及「布萊頓森林體系」崩潰的衝擊，當世界經濟陷入大衰退之際，日本卻將危機變成轉機，在節能、高科技、高附加價值的方向下促成國內產業

的轉型與升級。因此，歐美國家積極要求日本作為一個負責任的大國，協助世界經濟的復甦。

1975年11月全球六個主要工業國在法國巴黎郊外的郎布依埃城堡（Rambouillet）首次召開經濟領導人會議，與會者有法國總統季斯卡（Valery Giscard d'Estaing）、美國總統福特（Gerald Rudolph Ford）、英國首相威爾遜（Harold Wilson）、德國總理施密特（Helmut Schmidt）、義大利總理莫羅（Aldo Moro）、和日本首相三木武夫（Takeo Miki）。事實上，自日本首相田中角榮（Kakuei Tanaka）下台後，繼任的三木武夫和福田赳夫兩屆政府本打算削減財政支出來清理田中時代過度支出的後遺症，卻迫於美國的壓力，不得不推出一系列巨額的財政刺激計畫。此舉雖導致日圓持續升值，但日本的出口完成了產業升級，對美貿易盈餘有增無減，日本的汽車和電器甚至占據了美國市場。

值得注意的是，日本於1980年修改外匯法，讓民間可以自由匯款到國外，而在大量日本資金流向美國下，反而造成日圓對美元的不斷貶值。1985年9月，美國、日本、英國、法國及西德等5國財政部長和央行行長秘密會晤後，共同簽署〈廣場協議〉，其目的在聯合干預外匯市場，使美元對日圓及馬克等主要貨幣有秩序性地下調，以解決美國巨額貿易赤字，從而導致日圓大幅升值。但自〈廣場協議〉簽署以迄1987年，美元急遽貶值反而導致國際金融市場的動盪，日圓甚至上升到1美元對150日圓。為此，G7各國部長聚集於巴黎羅浮宮並簽署〈羅浮宮協議〉（Louvre Accord），以期讓持續貶值踩刹車。顯見，做為全球第二大經濟體的日本，不僅已是G7協調國際經濟秩序措施時不可或缺的要角，更是相關經濟調節措施得以落實的重要關鍵。

G7領導人峰會每年由會員國輪流舉辦。歷次由日本擔任東道主召開之峰會，整理如表12-1所示：

表12-1　日本主導之G7峰會一覽表

屆次	日期	地點	首相
第5屆	1979年6月28日至29日	東京	太平正芳
第12屆	1986年5月4日至6日	東京	中曾根康弘
第19屆	1993年7月7日至9日	東京	宮澤喜一
第26屆	2000年7月21日至23日	沖繩縣名護市	森喜朗
第34屆	2008年7月7日至9日	北海道虻田郡洞爺湖町	福田康夫

第四節　日歐關係的開拓與變化

隨著歐洲整合的擴大與深化，歐洲共同體（EC）在國際社會上發揮日益重要的影響，並逐漸將目光轉向亞洲。與此同時，日本政府在國內經濟快速增長下，除了持續參與國際經濟事務，更希望能進一步提升國際地位。在此氛圍中，1959年日本和歐洲共同體正式建交，日本政府委任駐比利時大使為駐「歐洲經濟共同體」（EEC）、「歐洲煤鋼共同體」（ECSC）以及「歐洲原子能共同體」（EURAOM）代表，並在1960年代起不斷擴大雙邊的交流與接觸。

一、池田政府歐洲政策與實踐

池田勇人任日本首相的時期（1960年7月到1964年11月），是日本與歐洲關係的一個重要轉折期。此前，日歐關係互動較為冷淡，而在池田勇人任期中，以〈日英通商航海條約〉的簽訂和日本加入發源於歐洲的OECD為分水嶺，日歐關係逐步熱絡。在其大刀闊斧的政治性格下，池田勇人對內及對外政策均展現出務實開創的傾向。對內方面，池田勇人提出「國民所得倍增計畫」，揭開了1960年代日本經濟高度成長時期的序幕；對外方面，池田勇人強調「既得到自由陣營的信任，也使共產陣營畏懼」，並推動加入由西方已開發工業國家主導之國際經貿組織。上述內政與外交政策的實踐，除充分展現日本政府邁向先進大國行列之企圖，更提供日本開拓對歐關係之主、客觀條件。

　　池田勇人任內對歐政策最大的突破，即是順利與英國政府簽訂〈日英通商航海條約〉。1955年日本加入GATT時，英國通過對日援用GATT第35條保護條款之規定，使英日之間不適用關貿總協定，不必給予日本最惠國待遇，因而可以對日本的產品進行歧視性的數量限制。但自1960年開始，英國當局開始研議與日本進行通商條約的談判，此舉除為避免日本對英國出口的報復性限制，亦可協助英國產業得到平等的打進日本市場的機會。1962年4月英國貿易大臣埃羅爾（Frederick Erroll）訪問日本，並在與日本首相池田勇人的會談中，達成盡快締結日英通商條約之共識。同年11月池田勇人赴歐進行訪問，除與英國簽訂〈日英通商航海條約〉，亦獲英方放棄對日援用GATT第35條之承諾。

　　此外，池田勇人更藉此行訪問西德、法國、比利時、義大利、荷蘭等國，試圖遊說西歐國家支持日本加入OECD。池田勇人在1962年底訪問歐洲之後，提出了「美日歐三支柱」概念，強調「從經濟角度看，自由陣營正在分成北美、歐洲、日本這三根支柱，這三根支柱必須相互競爭、相互合作」。由此可見，戰後日本經過近二十年的發展，已然藉著經濟實力而成為國際社會上不容忽視的重要力量，充分展現出在對外政策上的高度自信。

二、田中角榮訪歐及其政策意涵

　　1972年7月，田中角榮接替佐藤榮作組閣，進一步拓展多邊自主外交，以期提升日本在西方陣營中的地位與政治作用。與此同時，美國總統顧問季辛吉（Henry Kissinger）則宣布尼克森總統將倡議〈新大西洋憲章〉計畫，希望透過美國與緩和其他已開發國家之間的經濟矛盾，同時轉嫁美國的全球防衛負擔。該構想中進一步呼籲日本加入西方陣營，以期更大程度發揮民主同盟在全球政經秩序上的作用。〈新大西洋憲章〉構想提出後引起日歐等國不同的反應：歐洲各國態度普遍較為消極，均認為構建新大西洋聯盟的時機尚未成熟；反觀日本，田中角榮政府最初雖亦對美日歐特殊關係的構想存疑，但幾經思考後卻促成其對歐政策思想的轉變，決定透過政府間領導人的互訪來強化日歐雙邊關系，以期提高日本的國際地位。

　　1973年外務省《外交藍皮書》中即指出：鑒於歐洲重要性的提高，日歐間合

作的可能性和必要性大幅增加，應進一步強化日歐間的對話，使日本與西歐諸國的關係達到前所未有的緊密化和廣泛化。為此，田中角榮於同年9月開始一系列訪歐行程，接連訪問法國（9月27日到30日）、英國（9月30日到10月2日）、西德（10月3日至5日）。值得注意的是，田中角榮出訪西歐雖然未能依〈新大西洋憲章〉構想達成建立美日歐三邊關係之目標，但卻成功開拓了日本外務省與歐洲各國更大程度的交流與合作意願。此外，田中角榮訪歐期間受到歐洲各國高規格的接待，一定程度反映出日本國家實力提升，以及歐洲各國對日本國際角色認知的轉變。

三、日歐貿易磨擦與雙邊關係的改善

　　三木武夫接任田中角榮組閣後，日歐之間貿易失衡現象持續擴大，雙邊關係更因貿易磨擦而日愈緊張。貿易失衡問題雖然在一定程度上推動了日歐「對話機制」之建構，包括自1973年起每年舉行兩次的「日歐高級會議」，以及1974年在日本東京設立的「駐日歐洲委員會代表部」，但制度化對話機制卻未能緩和日歐貿易加速失衡之趨勢。1975年，日本被迫同意把出口至歐洲的鋼鐵數量限制在每年14萬噸，同時與英國等國簽署了限制汽車和電視出口的協定。1976年間英國、法國、丹麥等歐洲國家代表更相繼訪問日本，希望日本政府和產業界「自願限制」貿易出口，同時擴大對歐洲各國的進口。與此同時，日本經濟調查團聯會會長土光敏夫（Toshiwo Doko）出訪英國、法國、德國、丹麥、比利時等五國，訪問期間即遭受到來自各國政府、金融界和經濟界人士強烈地指責，強烈要求日本改善日歐雙邊貿易不平衡問題。以土光敏夫訪歐為開端，日歐貿易失衡問題，正轉變為雙邊的政治問題。

　　為避免貿易磨擦阻礙日歐關係的進展，雙方於1991年7月共同發表〈歐洲共同體及其成員國－日本聯合宣言〉（海牙聯合宣言），為日歐重新建構對話與合作提供了新契機。繼之，歐洲委員會於1992年5月向歐洲理事會提交一份〈一貫的全球措施：對日關係的評論〉備忘錄，歐洲共同體理事會並在此基礎上通過了〈對日政策結論文件〉。歐洲聯盟正式成立後，外長會議於1995年5月通過了「歐洲與日本未來階段」的新政策文件，確立了以「政治對話和合作」為基礎建構日歐關係之基本方針，日歐關係漸入佳境。

重要名詞解釋

波茨坦宣言（Potsdam Declaration）：1945年7月26日在波茨坦會議上由美國總杜魯門
（Harry S. Truman）、中華民國國民政府主席蔣介石和英國首相邱吉爾（Winston
Churchill）聯合發表的一份公告，旨在聲明三國在戰勝納粹德國後一起致力於戰勝
日本，以及履行〈開羅宣言〉等對戰後對日本的處理方式之決定。

盟軍最高司令官總司令部（GHQ）：二次大戰結束後，美國爲執行「單獨占領日本」之
政策，由麥克阿瑟（Douglas MacArthur）將軍以「駐日盟軍總司令」名義在日本東
京都所建立之組織。直到1952年4月〈舊金山和約〉生效後，盟軍最高司令官總司令
部結束占領日本，日本才由此恢復主權國家地位。

舊金山和約（Treaty of San Francisco）：二次大戰後同盟國各國與日本簽訂的和平條
約。該和約主要是爲了解決二次大戰後戰敗國日本的戰後地位，以及釐清戰爭責任
所衍生的國際法律問題。

廣場協議（Plaza Accord）：1985年9月22日美國、日本、英國、法國及西德等五個工業
已開發國家財政部長和央行行長於美國紐約的廣場飯店秘密會晤後，所簽署之國際
協議。該協議旨在聯合干預外匯市場，使美元對日圓及馬克等主要貨幣有秩序性地
下調，以解決美國巨額貿易赤字。

國際貨幣基金（IMF）：1945年12月27日成立之國際金融機構，總部設在美國華盛頓特
區。該組織旨在監察貨幣匯率和各國貿易情況，同時提供技術和資金協助，以確保
全球金融制度運作正常。

世界銀行（World Bank）：1945年12月27日成立，爲聯合國專門機構，亦是全球最大的
政府間金融機構之一，總部設在美國華盛頓。世界銀行成立之初致力於戰後歐洲復
興，1958年後轉向世界性的經濟援助，亦即透過向生產性項目提供貸款和對改革計
畫提供指導，協助落後國家實現經濟發展。

問題與討論

一、戰後日本經濟成功復甦的關鍵爲何？盟軍最高司令官總司令部在其中扮演了何種角
　　色？美援、傾斜生產、特需訂單、石油危機、廣場協議等，又如何影響了日本經濟
　　政策的制訂與推行？

二、廣場協議與羅浮宮協議出現的時空背景爲何？此二項協議的對日本經濟產生哪些

正、負面影響？與1990年代日本經濟泡沫化又有何關聯？

三、日本加入OECD之動機何在？為加入該組織，日本政府陸續推動哪些經貿自由化政策？加入後，日本在對外援助的實踐成果又為何？

四、何謂「布萊頓森林體系」？國際經濟秩序自美元危機以迄該體系崩潰之演進歷程為何？八國集團的出現是否有效重建國際經濟秩序？而日本又在其中扮演了何種角色？

五、日歐關係為何在池田勇人內閣時期出現重要轉折？而在歷經田中角榮內閣的蜜月期後，日歐關係在日益嚴重的貿易失衡中又出現了哪些本質上的變化？雙方又做了哪些外交上的努力來改善雙邊關係？

參考閱讀書目

蔡增家（2004）。《日本轉型：九○年之後政治經濟體制的轉變》。台北：五南圖書出版公司。

許介鱗（1991）。《日本現代史》。台北：三民書局。

松村岐夫等著；吳明上譯（2005）。《日本政府與政治》。台北：五南圖書出版公司。

石井寬治（2008）。《日本經濟史：第2版》。台北：五南圖書出版公司。

任燿廷（2009）。《戰後日本與東亞的經濟發展》。台北：秀威資訊。

蔡東杰（2007）。《東亞區域發展的政治經濟學》。台北：五南圖書出版公司。

蔡東杰

學習目標

一、說明當代國際援助活動之源起、發展與演進。

二、說明自戰後重建階段以來，日本參與並推動對外援助之歷程。

三、分析日本在進行外援政策時之利益背景與戰略布局。

四、瞭解近期日本對外援助政策在內涵與方向上之可能變化。

第一節　國際援助之發展歷程

一、冷戰與當代國際援助源起

(一)美國與馬歇爾計畫

　　美國在1947年為協助西歐盟國進行戰後重建推出的「馬歇爾計畫」（Marshal Plan），乃是現代國際援助（foreign aid）的先驅。其後，隨著美蘇冷戰由歐洲擴及全球各地，愈來愈多人在注視美國與蘇聯兩大陣營的東西關係之餘，亦強調應重視日益擴大的北方先進工業國家與南方發展中國家的差距，從而既帶來「貧窮乃共產主義溫床」的結論，也引發關於「南北問題」的討論，並促使美國在1960年於「歐洲經濟合作組織」（OEEC）提案成立以援助發展中國家為主的開發援助集團（DAG）；其後，隨著OEEC在1961年進一步被改組成為「經濟合作暨發展組織」（OECD），DAG亦改稱之為「發展援助委員會」（DAC），成為迄今最具影響力的國際援助機構。

(二)官方開發援助之定義

OECD賦予官方開發援助（Official Development Aid, ODA）之基本定義爲「由政府或政府委託之機構提供給開發中國家或國際機構之援助」，主要目的是協助受援者發展經濟與改善社會福利，至於援助資金指數（援助條件寬鬆度指標，贈與爲100%）至少應大於25%。不過，由於過去半個世紀以來推動此種援助的結果，反而帶來貧窮問題惡化危機，一方面讓現階段援助轉而以「降低貧窮」爲主軸，並在標準中更重視民主化等所謂「善治」的政治指標。

二、國際援助方向之演進

(一)以濟貧爲主（1950年到1960年代）

進一步來說，在1950年到1960年代，由於面臨冷戰高峰之國際環境背景，來自西方國家（以美國爲首）之援助，主要在回應前述貧窮與共產主義發展之關連，由此不僅形成二次戰後先進國家對開發中國家「進行援助的原點」，此一階段援助的重點也放在基礎設施建設、高素質人才培養及透過大規模資本投入促進受援國經濟起飛等項目上。

(二)以配合外交戰略爲主（1960年到1970年代）

隨著美蘇冷戰陷入對峙僵局，1960年到1970年代的國際援助也轉而成爲兩大陣營爭奪發展中國家支持的外交政策重點。據此，受援助國家基本上依其政治體制而被分類，然後美蘇再根據各自戰略考量對親近自己的政權個別實施援助計畫。

(三)以危機處理爲主（1980年代）

在冷戰於1980年代逐漸邁向終點時，由於許多第三世界開發中國家紛紛陷入債務困境中，如何透過「結構調整」性融資政策來振衰起敝，也成爲此際援助的新主軸。對此，世界銀行一般採取結構調整貸款方式進行，IMF則採取結構調整機制途徑，前者以適當期限且廣泛結構改革爲主，後者則著重協助進行以安定總體經濟爲核心的改革。

(四)以促進人權為主（1990年代）

在冷戰結束導致國際環境急遽變化的1990年代，冷戰時期以兩強戰略目的為援助前提之體制跟著崩潰，加上主要援助國也出現「援助疲乏」狀況，人權問題及促進民主化政治改革等議題浮上檯面，目的是「從外交轉內政」，亦即希望藉此說服國內納稅人，使其繼續支持將國家預算用於對外援助；前述「善治」觀念愈來愈常被提及，「參與型開發」更為其中最新焦點。

(五)以推動永續發展為主（2000年代）

正如眾所周知，近年來無論是「千禧年發展目標」或所謂「降低貧窮策略計畫書」等，都可發現援助來源國與開發中家正共同致力於實現個別計畫所難以達成的高層次開發目標。正如1992年地球高峰會所宣示「人類仍是永續發展所關注核心」一般，包含社會議題、經濟結構、資源保存、文明社會等各面向的「21世紀議程」（Agenda 21）已成為新世紀永續發展與推動援助之主要指導原則。

根據聯合國擬定之目標，ODA理想乃是使各國援外淨額達到該國GDP的0.7%以上，但目前能達到前述標準的僅有丹麥、挪威與瑞典等少數北歐國家。無論如何，若以援助者來劃分，則ODA可進一步分成官方開發援助、其他政府資金、民間資金合作及民間非營利團體贈與等。按援助資金來源可分為財政援助和技術援助；若依提供方式區隔，則又可分成援助國直接提供給特定受援國的雙邊援助，以及援助國透過國際組織提供之多邊援助等。

第二節　冷戰時期日本援外政策發展

一、以配合經濟擴張為主的外援政策

(一)戰後初期接受援助歷程

自1950年代以來，基於政治與經濟等諸多考量，西方國家不斷對第三世界提供援助，此舉對日本也產生相當程度之影響。尤其在戰後初期確立所謂「吉田主

義」（Yoshida Doctrine）路線後，日本便開始進行以對外援助爲主的經濟外交政策，透過經濟實力作爲後盾，積極參與國際事務並設法謀求政治大國地位。儘管如此，不可否認的是，由於亟需進行戰後重建，日本在1946年至1954年間其實也是一個受援助國家；正如美國占領當局（General Head Quarters, GHQ）指出的，「在所有太平洋國家當中，只有日本值得優先考慮給予爲恢復其經濟和軍事潛力而設計的美國援助」，據此，日本除由美國政府處接受了約50億美元的援助外，也獲得世界銀行34個貸款計畫，總額約8.6億美元，這也讓它一度成爲全球最大的受援助國家。

(二)可倫坡計畫與外援源起

自1954年成爲「可倫坡計畫」（Colombo Plan）會員後，日本政府一方面開始回歸亞洲，並透過該計畫擴展對亞洲國家的技術合作。接著，在日本加入聯合國翌年（1957年），岸信介內閣也發表戰後第一本《外交藍皮書》，提出所謂「外交三原則」，亦即「以聯合國爲中心、與自由主義各國協調、堅持做爲亞洲一員」。據此，一方面強調「經濟協力」概念，援助焦點則擺在促進受援國產業出口及重建日本之區域經濟影響上，至於第一個經濟合作計畫是在1957年向亞洲開發基金所提出的「岸計畫」（The Kishi Proposal），目標在結合美國資金、日本技術和東南亞勞動資源。

(三)兼具經濟與戰略配合之援助政策

在1950年1960年代之間的日本對外援助計畫，主要是以東亞區域爲中心，結合雙邊援助貸款並著重於基礎建設，目的則是將援助作爲促進產品出口政策之工具。自從通產省在1958年出版首部《經濟合作白皮書》乃至1978年爲止，日本政府始終毫不避諱地將對外援助與貿易增長相連結。在此階段其援助方式主要有二：首先是要求受援國必須以日圓貸款購買日本產品，作爲振興出口之「條件式援助」；其次是應美國要求給予南韓以及台灣的「戰略性援助」。由此可見，對外經濟合作主要也著眼於對日本之利益，直到1969年才開始提供無償援助與不附帶條件之日圓貸款。

二、逐漸增加政治目的之外援政策

(一)全球經濟結構轉型之影響

1970年代的石油危機開始促使日本調整其對外援助的方向，尤其針對中東的石油輸出組織國家（OPEC）。更甚者，由於美國經濟能力相對下降，日本援助範圍也逐漸擴大至東亞與中東以外的非洲與拉丁美洲地區，至於對外戰爭賠償在1976年的結束，亦象徵日本外援政策進入某種系統性擴張時期當中。例如日本政府首次提出設定ODA中程計畫的構想及目標，由此可見，ODA的政策角色已經從促進出口轉而成為更全面性的外交工具。

(二)ODA倍增政策及其結果

1977年，福田赳夫內閣在國際經濟合作會議（CIEC）上宣布了日本自1978年起五年間ODA倍增目標，翌年（1978年），更進一步宣稱將把前述目標縮短為三年（1978年到1980年），亦即至1980年之前達到28.5億美元，但實際結果更高達33億美元。據此，日本不僅再度於1980年提出1981年至1985年ODA金額將達1976年至1980年度兩倍之目標，更於1984年超越法國，成為僅次於美國的第二大援助國。接著，日本又在1985年設定第三期目標，亦即1986年至1992年ODA實績目標將設定於400億美元，甚至在1987年將目標期間縮短兩年至1990年，並於1988年擬定第四次中期目標，預計在1988年至1992年間要達到總額500億美元以上，結果達成率為99.4%（496.8億）。進一步來說，前兩次ODA目標主要是「量」的擴大，以後則更著重於「質」的改善，例如充實無償資金援助，以及技術援助與逐步降低利率等。

(三)ODA政策及大國化外交

由於日本總體經濟情勢於1980年代達到高峰，加上1985年日圓大幅升值帶來的資金充盈效應，非但其國際經濟地位愈發鞏固，甚至在1990年後還超越德國，成為僅次於美國的全球第二大經濟體，從而促使中曾根康弘首相積極提出邁向「政治大國」的目標；對此，如何利用其經濟實力並藉由對外援助來實踐政治目的，也成為日本自此之後的外交政策大方針。可以這麼說，隨著ODA倍增計畫的不斷提出與達成，除原先主要針對資源、市場與邦交等傳統目的外，帶有國際政治意涵的戰略性援助大幅增加，這也為日本的ODA政策增添有異於以往的作用。

第三節　日本援外政策之內涵與利益分析

一、對於日本外援之政策性分析

(一)兩度提出ODA大綱

　　為使外國政府與日本國民更瞭解其ODA運作原則，日本政府曾於1992年通過〈政府開發援助大綱〉（ODA大綱），希望有助於提升政策透明化程度。據此，日本聲稱在援助時將顧及聯合國憲章基本原則（尊重主權、平等與不干涉內政）與被動原則（亦即由被援助國主動提出要求），同時考量到地理位置、歷史淵源，以及對國家安全之影響，亞洲被列為主要重點援助區域，尤其是東南亞地區。其後，面臨國內與國際環境雙重劇變，再加上國內興論對ODA內容及外務省之批判浪潮，日本也順勢在2003年針對前述ODA大綱進行修訂工作，目標則是更重視ODA「是否對國際社會和平與發展提供貢獻，並確保日本的安全與繁榮」。

(二)國家利益與對外援助

　　透過對外援助來達成本國利益，早就是先進工業國家之政策傳統，因此藉由大規模資金之戰略性流動，日本之目的也在於經由隱性經濟手段，去影響受援助國政策。進言之，國家利益既為援助國的政策源起，Klaus Knorr更將援助可能獲致的利益分為以下幾層：作為對抗各國及施展政治影響力的手段；維持與受援國關係；主要針對具政治軍事價值之國家；改善並維持援助國的軍事安全；提升援助國本身之形象；向受援國家示意和第三國之政治態度等。

二、日本援外政策之利益取向

(一)擴展國際與區域外交空間

　　相較於戰後初期受到美國占領以致主權地位受損，日本自1950年代後逐漸開始拓展外交活動，一方面提升主權意涵，同時著重於修補大戰時期的負面國際形象。尤其是東亞地區，由於部分國家在戰時曾遭日本占領或殖民，因此日本也結合

經濟援助和日圓貸款等政策，試圖更務實地改善與周邊國家的互動關係。更甚者，身爲東亞國家，日本也必須在戰後儘快取得鄰國信任以作爲長久生存之道，例如1956年岸信介內閣的「外交三原則」中，便提到「堅持亞洲一員」之立場；ODA作爲外交政策的一環，確實成爲日本連結東亞的重要通道，這也說明了爲何在冷戰時期，東亞地區成爲日本援助重點所在。

(二)維繫美日同盟關係

作爲美國自冷戰以來在東亞最重要之戰略夥伴，因應其區域政策以維繫雙邊友好連繫，不僅是日本長期以來最高外交方針，也是其ODA政策的基礎之一。爲了在戰後再度重返國際社會並鞏固美國支持，日本一方面被迫在1950年代國力未豐情況下對東南亞進行援助，ODA總金額也與日俱增，甚至當日本在1980年代轉而將外援擴展至拉丁美洲與非洲的過程中，美國因素也不容忽視。

(三)協助推動出口擴張以促進經濟成長

早期日本ODA經濟因素在於幫助國內產品外銷，由於受援助國必須以日圓貸款購買日本產品，使其可藉此將產品透過援助方式間接銷售出去，從而讓「條件式援助」成爲振興該國出口之關鍵手段。例如冷戰時期日本ODA援助對象既以東亞爲主，其工業品出口大宗也在此地區，尤其隨著日本經濟在1960年代高度成長，區域內貿易出超額也顯著增加。除此之外，日本政府更希望透過經濟援助來穩定經濟發展，例如在1961年池田勇人首相宣布的國民收入倍增計畫中，便表示將與援外政策密切合作；在1981年版官方白皮書中，亦將「資源能源的穩定供給、促進國際分工與產業結構升級、企業國際化」等列爲日本進行對外經濟合作的重要考量。從日本ODA政策來看，直接投資也在其範圍內，故此政策等於也間接幫助了國內經濟成長。

(四)取得重要自然資源

日本所以選擇東亞作爲最初的援助重點，「資源」與「市場」因素乃相當重要的關鍵。正如前述，「援助－貿易－投資」的三位一體途徑，對促進日本完成戰後重建不僅正面，也是ODA政策焦點。由於1973年第四次以阿戰爭引發的首度石油危機，對日本的中東政策帶來極大影響。爲確保石油供應，危機前日本對亞洲地區占90%的ODA比率，隨即修正爲亞洲僅占70%，中東、非洲與中南美洲各占10%。

一方面顯示，此際ODA政策出現「保障經濟安全」的概念，但此種轉變也讓DAC國家即認為日本外援主要在確保資源，而非真正有意幫助貧窮的開發中國家。

(五)配合全球性戰略設定目標

與政治安全問題掛勾的對外援助，在日本通常被稱為「戰略援助」，專指以ODA為主體的對外經濟援助。儘管如此，在1950年1970年代，政治因素對日本而言仍屬援助的次要因素，主要還是促進自身經濟發展；不過，從1977年到1980年代末期，歷屆內閣仍逐漸增加ODA政策之戰略暗示，政策的實際主導權也由通產省移到外務省。例如1979年為抗議越南侵略柬埔寨，日本凍結了對越南的7000萬美元援助，並向泰國提供688億美元；接著在1980年，透過名為〈經濟合作的理念〉（經濟協力の理念）的文件，日本首次公開闡述ODA主張，表示將繼續積極配合美國全球戰略。大平正芳內閣也於同年提出「綜合安全保障」戰略，展現了在冷戰時期意識型態對抗外，日本的綜合安全戰略構想。1981年外務省經濟合作局和經濟合作研究會共同出版《經濟合作的理念—為何要提供政府開發援助》一書，重申國際和平與安全、相互依存、人道主義、環境保護、支持發展中國家自助等ODA政策理念。值得注意的是，自從中曾根康弘內閣在1983年提出「政治大國」外交戰略後，日本也開始強調戰略援助的「自主性」，試圖擺脫與美國的政治經濟戰略相呼應的色彩；例如1988年版《ODA白皮書》便指出「不僅要有效運用援助來實現我國的綜合安全保障，還要作為發達的民主主義國家，為地區乃至世界的和平與穩定做出貢獻」。

三、日本推動外援之主要機構

至於在決策體系部分，援外政策最高決策者基本上為外務大臣，在對外經濟合作行政方面，是由外務省代表，由國內具有不同權限的各省廳協議，在無償資金合作政策方面，則由外務省與大藏省（財務省）負責；一般而言，提供貸款過程是由大藏省、外務省、通產省與經濟企劃廳構成所謂「四省廳體制」來負責決定過程。儘管如此，援助的實施最初由「海外經濟協力基金」（OECF）與「國際協力事業團」（JICA）各自負責日圓貸款與無償資金合作事宜，至於1999年由OECF轉型來

的「國際協力銀行」（Japan Bank for International Cooperation, JBIC）則是目前日本ODA的主要執行機構之一；JBIC屬於政策性銀行，全額負責ODA中有償資金部分，其他形式合作由國際協力機構等負責。

第四節　近期日本援外政策之調整與前瞻

一、政策目標方向與內涵之轉型

(一)ODA四原則

隨著冷戰終結，在1991年到2000年連續成為全球雙邊對外援助最大捐助國的日本，也進入ODA發展的新階段。在1993年擬定的第五次中期目標，是在1993年到1998年間將援助額提高到700至750億美元。面對冷戰終結後國際情勢轉變，以及國內對舊政策的質疑，日本政府也於1992年制定〈ODA政策大綱〉，並提出所謂「ODA四原則」，亦即：環境與開發並重；避免用於軍事及助長國際紛爭；維持並強化國際和平安全；關注開發中國家之民主化，致力導入市場經濟。大致來說，此份新大綱既提供了日本ODA政策新的指導方針及原則，也改變該國原先以戰略性援助為主的對外援助政策。

(二)新ODA中期政策

1997年亞洲金融風暴後，通產省所屬諮詢機關「產業結構審議會」隨即建議廢除ODA中期目標，同時建議在財政困難情況下，政府應偏重環保需求並強化日圓貸款，同時有必要恢復承包商限於日本企業的「附帶條件」；至於外務省諮詢機關，也在1998年建議進一步充實國別援助計畫，積極處理環保問題，並重新檢討改革政府與執行機關內部機構為主要工作重點。據此，外務省在1999年向內閣提出1999年到2003年度新ODA中期政策之四大重點：將ODA定位為日本對開發中國家的援助；將發展中國家分成八個地區，依其特性制訂符合日本利益之支援政策；確立「善治」作為援助方針，並借重非政府組織協助；致力於「資訊公開」以獲得納稅人支持。

(三)ODA政策之內容分析

冷戰時期日本ODA最初重視直接經濟利益，後來逐漸從「先進國責任」和國際作用的觀點，開始重視「與開發中國家的經濟加強聯結」，顯示日本開始注重長期利益，也透露出冷戰後期ODA的戰略化傾向，例如保證國際和平、維護經濟大國地位、促進國家間相互依存與創立非西歐發展模式等，都表明日本在ODA政策理念上的戰略化進展。進言之，日本ODA政策理念的戰略化可從地域選擇看出，亦即它既向毗鄰中東的土耳其、扼守蘇伊士運河的埃及、控制紅海航線的蘇丹與阿富汗交界的巴基斯坦、位於東南亞的泰國和朝鮮半島的韓國等提供或增加ODA，又對與西方價值觀念不一致、親近蘇聯的國家，採取「削減援助」、「停止援助」、「不再提供新援助」等多種方式予以制裁。冷戰結束後，由於促進民主化與引入市場經濟成為西方共同標榜的援助理念，日本援助重點也由重視國家利益轉到重視國際的公共利益。

(四)泡沫經濟危機對日本外援之影響

在2003年版ODA白皮書中首先談到，日本所提供的對外援助，包括無償援助與有償資金合作（日圓貸款）的「雙邊援助」，以及透過世界銀行等國際組織間接提供的「多邊援助」。憑藉著強大的經濟實力，日本不僅在後冷戰時期大幅提高ODA金額並擴大政策規模，更利用西方普遍陷入「援助疲乏」之際，一躍成為世界最大的援助國家之一。儘管如此，由於1990年代的日本同時面臨泡沫經濟危機來臨的衝擊，開始呈現經濟發展長期低迷情況，這也讓其長久以來實施的對外援助，埋下了繼續調整的伏筆。

二、影響日本援外政策調整之結構因素

(一)全球結構變數

由於在後冷戰初期失去蘇聯這個主要的長期戰略對手，加上美國經濟和軍事力量遙遙領先各國（GDP占全世界總量30%，軍費占世界總額47%），這也讓貫徹「單極」結構不僅成為美國的主要外交目標，亦成為影響其對外行為的指導方針。不過，一方面由於2003年至2011年間陷入伊拉克戰爭泥沼，再加上2008年以來次貸

危機與金融海嘯的震撼，由此亦引來一場全球權力轉移可能性；作爲舊結構主要國家之一的日本，自然有賴於更積極的全球布局來因應。

(二)區域結構變數

在東亞部分，儘管美國試圖透過擴張美日安全保障範圍（甚至納進印度洋與波斯灣地區），拉抬日本影響力以壓制中國擴張，自1997年後積極拉攏印度，作爲從南方抵制中國的權力籌碼，甚至在2009年後公開提出「重返亞洲」和「再平衡」等倡議。不過，日本自新世紀初期以來，亦逐漸形成出一套更積極主動的東亞政策，目的在拉抬並鞏固該國的區域主導地位，至於這些政策能否透過ODA加以落實，自然是各方關注焦點所在。

(三)國內結構變數

日本能否落實其全球與區域戰略布局，關鍵仍在於其國內政治穩定性；自1993年自民黨結束一黨執政的「五五體制」後，再加上經濟泡沫破滅，日本經濟深陷長期衰退的「黑洞期」，經濟社會結構急遽變化，由此反映在政黨政治上的則是主要政黨和黨派的重組與裂變不定，導致政治生態嚴重惡化，2009年至2012年民主黨的上台執政便是一個例證。正因前述政治結構的不確定，導致國會中政黨相互掣肘，官僚機構權力乃趁機復活，反過來對政黨政治形成牽制作用，這也是日本爲何在1992年與2003年兩度發布〈ODA大綱〉的緣故。

三、未來日本外援政策之發展前瞻

(一)目前ODA大綱之重點

由於國內外結構境變遷引發之目的與理念變化，直接反映在2003年大綱對ODA的重點課題、重點區域與實施方法的規定上，例如強調應當運用ODA「對國際社會的和平與發展做貢獻」，這顯然與追求經濟利益有關，在方式上也將原來的「請求主義」（被動原則）轉向更主動的「加強政策協商」途徑，以提升ODA的戰略價值。根據大綱內容，日本政府推動ODA之目的是藉此促進國際和平與發展，並協助確保自身安全與繁榮。其中環境、傳染病控制、領導人才等是國際社會

共同關注的議題。

(二)目前ODA大綱所受之批評

日本ODA也遭受相當程度的批評，首先是認為對ODA品質之改善太過於重視量的增加，其次則是花費太多資金在硬體援助部分，至於過去對中國大陸的巨額援助也成為檢討焦點。無論如何，日本的ODA政策仍使其得以透過大量金額流動，給予政府使用經濟手段去影響受援助國政策；中國近年在非洲及拉丁美洲進行大量外交援助所獲致的影響力，與其說來自共同利益，其實多數也是由於援助推波助瀾而來。

(三)最新ODA大綱之發展

儘管近年來陷入經濟困窘與政治動盪，日本還是試圖積極投入新的ODA政策，目標是藉此獲致「由外而內」刺激國內成長的動力。根據日本政府在2015年初確定通過之外援方針修正案，新大綱將定名為〈開發合作大綱〉，以政府開發援助為中心，突顯了加強與民間資金、聯合國維持和平行動（PKO），以及地方政府等合作的原則，並強調在實施援助時重視「高質量增長」的方針，尤其將積極協助主要新興市場國家與島嶼國家，這也是日本自2003年以來首次修訂ODA大綱。其中最引發關注的，乃允許資助他國武裝部隊的非軍事任務，藉此擴大日本對全球安全的參與。外務省表示，東京先前即已擴大這類援助，但在〈開發合作大綱〉中明定相關政策是首次。

重要名詞解釋

官方開發援助（**Official Development Aid, ODA**）：指由已開發國家向發展中國家提供之經濟援助，根據OECD之基本定義為「由政府或政府委託之機構提供給開發中國家或國際機構之援助」，主要目的是協助受援者發展經濟與改善社會福利，援助資金比例至少應大於25%。

吉田主義（**Yoshida Doctrine**）：由日本首相吉田茂提出，主張在國內推行經濟中心國策，在國際中奉行重商主義理念，反對大規模重整軍備，並實行對美一邊倒的實用主義外交戰略。

可倫坡計畫（**Colombo Plan**）：全名為「亞太地區經濟和社會合作發展可倫坡計畫」，

最初在1950年由印度、巴基斯坦、斯里蘭卡發起，主要討論南亞與東南亞發展困
境，後來美國與日本也參加並自1951年起運作。

ODA大綱（Official Development Assistance Charter）：日本政府爲提供自身對外援助政
策指導，曾於1992年與2003年兩度提出，2015年則第三度提出修改版本。

ODA四原則（Four Principles for ODA）：日本針對外援所提出，包括環境與開發並重；
避免用於軍事及助長國際紛爭；維持並強化國際和平安全；關注開發中國家之民主
化，致力導入市場經濟。

問題與討論

一、日本最初開始參與對外援助之原因爲何？

二、針對其主要目的，日本對外援助政策曾經歷過哪些階段性演變？

三、日本推動對外援助政策背後，主要之國家利益考量爲何？

四、日本曾幾次提出所謂ODA大綱？其彼此間的差異又是什麼？

五、請說明現階段日本對外援助之主要區域對象、政策內容各自爲何？

參考閱讀書目

外務省編（2014）。《政府開発援助（ODA）白書 2013年版：日本の国際協力》。東
　　京：文化工坊。

五十嵐武士編（1990）。《日本のODAと国際秩序》。東京：日本国際問題研究所。

五百旗頭眞（2011）。《さかのぼり日本史(1)：戦後経済大国の漂流》。東京：NHK出
　　版。

西垣昭、下村恭民（2003）。《開発援助の経済学：〈共生の世界〉と日本のODA》。
　　東京：有斐閣。

草野厚（2010）。《ODAの現場で考えたこと：日本外交の現在と未来》。東京：日本
　　放送出版協 。

村景吉敬（2006）。《徹底検証ニッポンのODA：半世紀のODAを〈普通の人びと〉の
　　視点から振り返る》。東京：コモンズ。

渡辺利夫、三浦有史（2003）。《ODA（政府開発援助）：日本に何ができるか》。東
　　京：中央公論新社。

白鳥正喜（1998）。《開発と援助の政治経濟學》。東京：東洋経済新報社。

廖舜右

學習目標

一、說明日本在亞洲區域經濟整合之政策立場。

二、探討日本在APEC之參與經過與現況。

三、日本在東協加三與東協加六所扮演之角色。

四、論述日本加入TPP動機及其政策與立場。

五、回顧東協共同體發展歷程以及日本之參與。

第一節　區域經濟整合潮流

一、全球化vs.區域化

　　二戰結束以來，各國莫不致力於消除彼此間的貿易保護主義，因而促成國際社會於1947年籌組「國際貿易組織」（ITO）、簽署「關稅暨貿易總協定」（GATT），並在1995年成立「世界貿易組織」（WTO）之經濟全球化進程。WTO旨在創造一個自由、公平之國際貿易環境，在提高生活水準與確保充分就業的前提下，擴大貨物與服務貿易，並按永續發展原則實現全球資源的最佳配置，同時促進開發中與低度開發國家經濟發展。然而，各國在WTO架構下追求經濟全球化理想的同時，隨著多邊貿易談判的會員國數目持續增加，相對提高協商複雜度與達成共識的困難度。實際上，WTO自2001年啓動「杜哈回合」談判後，即因意見分歧而長期陷入僵局。為達成自由貿易之目標，許多國家由原先支持多邊貿易機制，轉而與與重要貿易夥伴或區域內周邊各國簽署雙邊或複邊區域貿易協定（FTA/RTAs），因此形成並擴大經濟區域化之趨勢。

　　2015年4月爲止，已有612件RTAs（包含貨品貿易、服務貿易以及個別領域）向WTO登記，其中406件已經生效。由此可見，後冷戰時期區域經濟整合蓬勃發展，正反映出WTO推動全球貿易自由化的困境。而無論對自由貿易協定持何種看法，區域經濟整合已是影響國際政經結構的主要動能之一。

二、FTA/RTAs效果與發展趨勢

　　在區域經濟整合的趨勢下，區域國家競相簽署FTA/RTAs，藉以取消彼此關稅和貿易限制，並提升區域內生產效率與資本積累。一般而言，簽署FTA/RTAs可產生「貿易創造」和「貿易轉移」二種效應。一方面，由於區域內成員取消彼此間關稅與貿易限制，將導致本國高成本產品被區域內其他成員低成本產品所替代，以及過去受到對方數量和高關稅限制的本國低成本商品出口擴大，從而爲區域內進出口雙方帶來更多貿易機會和經濟利益，因此貿易被「創造」出來了。另一方面，國家間透過FTA/RTAs降低彼此關稅與貿易限制，將使貿易活動從原本非FTA/RTAs簽署國轉爲FTA/RTAs簽署國，使貿易方向發生轉變，因而產生貿易「轉移」效果。

　　目前，區域經濟整合已在全球各地形成熱潮，各種類型的雙邊與複邊自由貿易協定，正在國際經濟與貿易中扮演重要角色，並形成歐洲、北美以及東亞等三大經濟區塊。歐洲區域經濟整合始於1951年成立之歐洲煤鋼共同體，1993年〈馬斯垂克條約〉生效而成立「歐洲聯盟」（EU）後，目前已擁有28個會員國並發行單一貨幣（歐元）。北美區域經濟整合則源於1988年簽署之〈美加自由貿易協定〉，其後加入墨西哥，並於1992年共同簽署〈北美自由貿易協定〉，完成北美自由貿易區（NAFTA）之建構。

　　一般以1967年東協成立爲東亞區域經濟整合起點，並在建構東協自由貿易區（AFTA）後，積極推動東協加一（中國）以及東協加三（中國、日本、南韓）自由貿易區。目前「東協自由貿易區」與「東協－中國自由貿易區」已分別於2002年、2010年正式啓動，東協加三則在各國立場分歧下，於2011年併入〈區域全面經濟夥伴協定〉（RCEP）之整合倡議。

三、日本在亞洲經濟整合中的角色與策略

日本爲因應歐洲、北美與東亞既合作又競爭的區域經濟整合態勢，提出「多層次經貿政策」概念，作爲總體經濟自由化戰略的主軸。2004年12月，經濟合作促進關係部長會議在〈關於今後經濟合作協定推進的基本方針〉報告中強調，「東亞經濟整合」爲日本推動FTA之核心，希望透過積極推動以東亞爲中心的〈經濟夥伴協定〉（EPA）合作事項，進一步朝向東亞經濟圈之目標邁進，深化日本與東亞國家彼此間的合作。

2006年4月，日本經濟產業省公布《全球經濟戰略》報告書，明確將日本經濟戰略定位爲亞洲之協作、活用柔性權力，以及對全球化價值的貢獻等三大準則。循此，日本爲經濟戰略設定下列三項目標：（1）透過日本的提案，讓東亞成爲高品質的市場經濟圈；（2）透過EPA分享日本經驗與知識，將亞洲打造爲世界經濟中心；（3）透過東亞的經濟整合推動國內改革。

目前日本已洽簽之EPA，包括新加坡（2002年）、墨西哥（2005年）、馬來西亞（2006年）、智利（2007年）、泰國（2007年）、印尼（2008年）、汶萊（2008年）、東協（2008年）、菲律賓（2008年）、瑞士（2009年）、越南（2009年）、印度（2011年）、秘魯（2011年）等13國。協商洽簽中的國家則包括南韓、澳洲、GCC（阿拉伯聯合大公國、阿曼、卡達、科威特、巴林、沙烏地阿拉伯等中東六國）、加拿大、蒙古、哥倫比亞、歐盟等。

此外，日本政府除了在2013年加入TPP相關談判，亦積極推動「中日韓FTA」，同時參與RCEP協商，據以構築其FTA戰略之完整拼圖。

第二節 亞太經濟合作（APEC）

一、APEC發展沿革與現況

亞太經濟合作（Asia-Pacific Economic Cooperation, APEC）創立於1989年，是

亞太地區用以促進各國之間經濟成長、貿易，以及投資的論壇。1989年1月澳洲總理霍克（Robert J. L. Hawke）訪問南韓時呼籲召開「亞洲及太平洋國家部長級會議」，並獲得美國及亞洲多個國家積極回應。同年11月，12個創始會員國在澳洲首都坎培拉舉行首屆「亞太經濟合作部長會議」，由澳洲外交部長埃文斯（Gareth Evans）擔任會議主席，並於同年創設作爲協調機構的資深官員會議。APEC現有21個經濟體成員，GDP總量約占全球的60%、貿易量約占全球的47%。

1991年11月第三屆部長級會議在南韓首爾舉行，會中通過〈漢城宣言〉確立宗旨目標、工作範圍、運作方式、參與形式、組織架構，以及亞太地區經濟合作前景。此次會議中，中華民國（以中華台北名義）、香港及中華人民共和國三個經濟體同時加入APEC。1992年9月設置APEC秘書處於新加坡，爲各層次活動提供行政支援。1993年11月APEC首屆經濟領袖會議（Economic Leaders' Meeting）在美國西雅圖舉行，並宣示APEC目的是爲亞太人民謀取穩定、安全、繁榮。1994年11月APEC在印尼茂物舉行的經濟領袖會議設立「茂物目標」，確立已開發經濟體在2010年前、開發中經濟體在2020年前，實現亞太地區貿易及投資的自由化與便捷化。

不同於其他經由條約確立的政府間組織，APEC運作是遵循「自願性原則」，以「共識」爲決策基礎，決議則由成員自願執行。APEC每年召開部長級年會，並依需要召開部門別之專業部長會議，並藉由每年五次的資深官員會議，專責討論年度推動工作。資深官員會議下設有各種次級論壇與工作小組負責推動工作。此外，APEC爲加強與企業部門互動，設有企業諮詢委員會（ABAC）。「經濟領袖會議」每年召開一次，討論由「部長會議」（經濟領袖會議的前幾天召開）及ABAC所提供的建議，隨後以〈經濟領袖宣言〉形式公布達成的共識。

二、日本政策立場與參與現況

日本是APEC構想的創始國之一。1960年代開始，日本學界興起一股關於推動區域經濟合作的討論，官方最早則由外長三木武夫（Tekeo Miki）於1967年提出相關構想，建議由美、加、日、澳、紐等五國企業家組成「太平洋盆地經濟理事會」

（Pacific Basin Economic Council, PBEC）；次年，日本政府主導成立由學界人士組織之「太平洋貿易與發展會議」（Pacific Trade and Development, PAFTAD）。1980年，日本聯合澳洲創設「太平洋經濟合作理事會」（Pacific Economic Cooperation Committee, PECC），成爲區域內產、官、學界共同組成之非政府國際組織。

對日本而言，強化與區域其他國家的政經關係，有助於轉化日本經濟實力爲政治影響力，提升日本在亞太地區的政治地位。誠然，日本自1970年代起便成爲參加G7會議唯一的亞洲國家，1982年出任首相的中曾根康弘更建構朝「政治大國」邁進的外交政策；繼之，海部俊樹首相亦提出「由美、日、歐三極主導形成世界新秩序」之主張，強調應促使日本在國際社會扮演與自己經濟實力相適應的角色。

因此，1989年澳洲總理提出設置部長會議以提升區域經濟合作構想時，日本政府立刻給予最有力的支持，並協助遊說區域其他國家。然而，有鑑於二戰時期對亞洲各國的侵略歷史，日本在推動APEC時採取較爲低調的方式，希望以溫和手段與協調角色來發揮「微妙的領導作用」，從而建立日本在區域國家間的正面形象。具體策略方面，日本一方面支持美澳等國促進區域貿易自由化立場，但同時接受共識決、自願性等方案，以拉攏中國與東協國家。

1995年APEC第七屆會議於日本大阪召開，村山富市（Tomiichi Murayama）內閣提出一系列更具企圖心之倡議，特別是建立共同貨幣單位（CCU），以作爲亞太地區貿易及投資的計價制度。此外，日本對參與APEC的熱衷，亦體現在1997年提議成立亞洲貨幣基金（AMF）以處理東亞金融危機、由日本統籌管理之「全球中小企業資訊網路」、1998年貸款亞洲國家300億美元之「新宮澤計畫」，以及1999年倡議設置亞洲債券市場，並提供亞洲國家170億美元融資等。

值得注意的是，上述日本積極主導倡議大多曲高和寡，並在美方不表支持而中國態度冷淡下進展有限。此外，日本在APEC的角色與影響亦在1990年代後期逐漸淡化，這與日本泡沫經濟、中國經濟崛起，以及東協各國在配合區域經貿自由化議題上意見相左等因素息息相關。

此一頹勢在2010年日本再次主辦APEC年會後才又出現轉機。菅直人（Naoto Kan）內閣將此次會議主題訂爲「變革與行動」，會中透過2010年第一階段「茂物目標」的檢視，不但展現APEC成立20週年後對於促進全球貿易及投資自由化的具體貢獻，亦就未來APEC走向提出新的願景。在經濟領袖宣言及其〈建立「亞太自

由貿易區」的途徑〉文件中，更直接提及APEC將繼續促進區域經濟整合，以及實踐茂物目標以達成貿易及投資自由化，並強調「亞太自由貿易區」（FTAAP）為APEC區域經濟整合（REI）主要工具，希望在現有區域經貿組織基礎上，諸如東協加三、東協加六及泛太平洋戰略經濟夥伴關係協定（TPP）等，採取具體步驟實現亞太自由貿易區。藉此，日本政府再次占據亞太區域經濟整合之戰略制高點，有效地在美國、中國及東協等各方勢力中，扮演「搭橋」的關鍵角色。

第三節　東協加三與東協加六自由貿易區

一、ASEAN＋N演進

　　1997年亞洲金融危機加速區域主義的形成，而在東協積極推動下，東協十國與中日韓三國領袖首次在吉隆坡舉行非正式會晤，自此「東協加三峰會」（ASEAN+3 Summit）成為東亞經濟合作的主導框架。1999年11月第三屆「東協加三峰會」在菲律賓召開，共同發表〈東亞合作聯合聲明〉正式確立「十加三」的機制，並承諾於貿易、投資、技術轉移、金融與貨幣政策協調、人力資源發展、文化及資訊交流、永續發展、政治安全及跨國問題等領域擴大合作。而自2000年開始，「東協加三」對話模式進一步擴大至與會各國的外長層級，同年5月及10月在泰國清邁首次召開的「十加三」經濟部長與貿易部長會議中，更是深入探討建立東亞地區補充性融資安排（Supplementary Regional Financial Arrangement），意圖對區域內可能的金融危機有所防備。

　　此外，各國也決定成立三個「十加一」的雙邊領袖會議機制，並探討由「十加三」國家共同成立「東亞政治組織與自由貿易區」（EAFTA）的可行性。在此願景的設定基礎上，2001年11月於汶萊召開的「東協加三」高峰會議，東亞展望小組（EAVG）提出〈走向東亞共同體：一個和平、繁榮和進步的地區〉報告，建議成立東亞自由貿易區，認為此一自由化應先於APEC的茂物目標，即為已開發經濟體於2010年開發中經濟體於2020年實現貿易和投資的自由化與便捷化。

　　2005年第9次「東協加三峰會」，提出以東亞共同體爲中心議題的〈吉隆坡宣言〉，以加快實現東協共同體的建設。會後，「東協加三」共13國緊接著與印度、澳洲、紐西蘭共16國領袖，共同召開首次「東亞峰會」（EAS）。在此次會議中，各國決議「東亞峰會」將與每年的「東協加三峰會」聚期舉行，就戰略、政治與經濟等共同議題進行對話，又可稱爲「東協加六」。而後，美俄兩國於2011年加入「東亞峰會」機制，亦可稱爲「東協加八」。

二、日本政策立場與參與現況

　　1997年受亞洲金融危機影響，日本開始推動以亞洲爲中心的合作方案。同年8月日本提出「亞洲貨幣基金」（AMF）構想，最終卻因美國反對與中國冷處理而無法落實。此後，日本轉而尋求與東協合作爲中心的整合方案，特別是在東協與中國簽訂〈東協與中國全面性經濟合作架構協定〉後，爲避免中國獨占東協市場，於2002年提議強化與東協的經濟合作，並於同年11月共同發表〈東協與日本領袖關於全面經濟夥伴聯合宣言〉。2003年東協與日本簽署〈東協與日本全面性經濟夥伴關係架構協定〉，決定在2012年前初步實現東協六國和日本的經濟夥伴關係（其餘四國則於2017年前完成），正式揭開東協加日本自由貿易協定的序幕；同年底簽訂〈東京宣言〉，雙方同意2012年前建成自由貿易區，最終將建立東亞共同體。2005年日本與東協正式啓動「東協與日本全面性經濟夥伴關係」（AJCEP）的談判，並於2008年12月1日起正式生效。

　　值得注意的是，東亞區域經濟整合雖以東協爲核心展開，但中國與日本卻是整合得以迅速擴大的二大推手。然而，在中日競合與對抗的戰略態勢下，以東協爲中心的經貿整合便產生兩種的框架設計。第一種是「東亞自由貿易區」（EAFTA），成員是由東協十國加上中日韓三國，即「東協+3」框架，主導國爲中國；第二種框架是日本在2006年提出的「東亞全面經濟夥伴關係」（CEPEA），由東協十國加上中日韓與紐西蘭、澳洲，以及印度，即「東協+6」框架，目的是希望藉由印度與澳洲，以平衡中國日益崛起的政經實力。

　　此一競合態勢在2012年11月「東亞峰會」部長會議上又出現二項重大進展：一

方面，中日韓三國暫時擱置領土爭議，宣布正式啓動「中日韓FTA」談判；另一方面，東協與中國、日本、南韓、印度、澳洲、紐西蘭等六個貿易夥伴國共同宣布，2013年正式啓動RCEP談判。

若RCEP能順利整合東協和六個主要貿易夥伴之間既有的五項FTA（東協－中國、東協－日本、東協－南韓、東協－澳紐、東協－印度），預估將成爲人口約30億、GDP加總逾16兆美元、占全球經貿產值三分之一，而僅次於WTO的巨型FTA。

同時，由於RCEP與「東協+6」成員彼此重疊，都是東協10國加上中日韓澳紐印等六國，因此容易讓外界以爲RCEP只是「東協+6」另一個名稱的錯誤印象。但事實上，RCEP在東協主導下，除要整合5個「東協+1」，也希望統合中、日兩國各自主導的「東協+3」和「東協+6」，使之成爲一個新型而更廣泛的東亞或泛亞洲FTA。換言之，RCEP主要目標在於整合和優化各種「東協+N」協定，以鞏固和發展東協在區域經濟合作中的主導作用，同時避免規則過多和操作混亂之「義大利麵碗效應」（spaghetti-bowl effect）。

第四節　跨太平洋夥伴協定（TPP）

一、TPP談判進程與現況

TPP最早由新加坡、紐西蘭、汶萊和智利發起，其前身爲〈跨太平洋戰略經濟夥伴協定〉（TPSEP，又稱爲P4），但直到2008年9月美國宣布加入談判後才受到國際關注，並於2010年3月展開第一回合談判。1997年東亞金融風暴期間，美國的有限作爲，嚴重削弱區域國家對其主導亞太事務的信心，直接造成APEC發展停滯以及亞太主義的挫折。以此爲鑑，美國爲重塑其亞太戰略地位，遂於2011年11月APEC領袖會議中促成〈TPP框架協議〉（Broad Outlines），希望透過將APEC議程全面回歸經貿層面的方式，抗衡近期以中國爲首的東亞區域整合勢力。除上述五國外，馬來西亞、越南、澳洲、秘魯、加拿大、墨西哥、日本七國已陸續參與TPP談

判。

　　TPP旨在建構高標準的自由貿易區，要求會員國貿易自由化必須達到100%，且不能排除敏感的農業議題。主要談判項目除削減關稅和非關稅貿易措施等「市場准入」議題外，更擴及勞工、環境、競爭政策、技術標準、金融服務、電信、原產地原則、政府採購等與貿易投資相關之「邊境內」（behind the border）制度性安排，直接涉及各國境內法規／制度之調和（harmonization）。這些黃金標準（golden standard）已遠超過WTO規範中的關稅範疇，呈現深度整合的特徵（WTO-X）。此外，TPP實質內容在完成所有談判前不對外公開，並希望以單一承諾（single undertaking）方式，完成「一步到位」高標準FTA的談判簽署工作，以落實會員國之間100%貿易自由化的最終目標。

二、日本政策立場與參與現況

　　日本參與美國主導之TPP，最早於2010年由首相菅直人提出，惜國內爭議未解而一再拖延。2011年APEC第19屆「經濟領袖會議」中，首相野田佳彥（Yoshihiko Noda）力排眾議，宣稱日本準備加入TPP談判。雖然當時日本各民調中贊成加入明顯高於反對，但支持率低下的民主黨政權最終仍無力加入談判。經過二年折衝，安倍晉三在獲得美國承諾不必單邊消除所有關稅後，終在2013年3月正式宣布加入TPP談判，成為TPP第12個會員國。為評估加入TPP對國家總體經濟之損益，日本政府透過經濟統計模型進行推算，並得出加入TPP後實質GDP將增加3.2兆日圓（+0.66%）之結論。細項方面包括：消費增加3.0兆日圓、出口增加2.6兆日圓、投資增加0.5兆日圓、進口減少2.9兆日圓。

　　儘管日本產業界－尤其是工業界積極推進，一般消費者也歡迎，但農民、保險業、醫藥業等都因各自產品價格缺乏競爭力而強烈反對，各政黨中都有贊成和反對意見。農業團體認為，國內農業生產長期依賴關稅保護以及實質補貼措施，一旦農業被迫開放本國市場，日本農業將因不具競爭力遭受毀滅性的打擊。日本農林水產省甚至試算，加入TPP將讓日本農業生產減少4.1兆日圓，而糧食自給率亦將跌至14%。日本醫師會也警告，日本醫療體系將被捲入「市場原理主義」，按照收入來

分配醫療資源，最後將導致全民保險體系崩潰。

　　一般認為，日本決定參與TPP在於強烈的政治考量，目的在鞏固「美日安保同盟」並支持美國重返亞太政策。此一非經濟因素雖然有助於爭取國內民意支持，但農產品進口關稅應否調降之問題，仍無可避免地成為美日TPP談判的主要障礙。美國期盼撤銷或降低日本牛豬肉、稻米、乳製品、小麥、砂糖（聖域）等關鍵農產品關稅與配額等要求，因具有高度敏感性，使美日多次會談均無法獲致成果。然而，日本若能克服相關爭議而順利加入，將進一步奠定TPP協定在區域經貿整合上的關鍵地位，並讓TPP更接近APEC自2006年以來長期追求之「亞太自由貿易區」（Free Trade Area of the Asia Pacific, FTAAP）之目標。

　　2015年4月美日談判代表於東京進行馬拉松式談判，雙方試圖消弭在TPP協議內容之關鍵歧見，美國代表要求日本將稻米進口配額擴大一倍，日本則要求美國立即取消進口汽車的2.5%關稅。值得注意的是在日本未加入前，TPP當時11個會員國國內生產毛額（GDP）總和占全球比重為29.7%（高於歐盟的25.2%及NAFTA的25.8%）、貿易比重為21%。日本於2013年7月成為TPP第12個會員國後，TPP中12個會員國GDP占全球比重的38.1%、貿易量亦提升至全球比重的25.7%。對安倍內閣而言，強力催生TPP即是希望藉此整頓日本經濟及提升貿易效率。不過，即使美日雙方對加強雙邊經貿聯繫的重要性有高度共識，但協議能否通過，最終仍將取決於日本在農業市場做出多大讓步。

第五節　東協經濟共同體（AEC）

一、AEC構想與進展

　　2007年8月，第39屆「東協經濟部長會議」中，各國代表批准通過〈東協經濟共同體藍圖〉（ASEAN Economic Community Blueprint）。同年11月，東協十國領袖在新加坡召開第13屆高峰會議後，共同簽署「東協經濟共同體」藍圖，為2015年完成全面經濟整合奠定基礎。依據該藍圖規劃，東協預計於2015年成立涵蓋6.3億

人口，以及2兆美元貿易額的「東協經濟共同體」（ASEAN Economic Community, AEC），並透過下列四大關鍵支柱實現經濟整合目標，晉升為僅次於歐盟的全球第二大單一市場：

建立單一市場與生產基地（包含貨物、服務和投資的自由化，關稅透明化、廢除非關稅貿易壁壘等）；

具備高度競爭力的經濟區域；

發展平衡的經濟發展機制；

成為能夠融入全球經濟體系的區域經濟體。

屆時，東協將解除會員國間70%貨物關稅，並期許在2020年前成為貨物、服務、投資、技術性勞工和資本自由流通的共同市場，進而推動區域內經濟公平發展、減少貧窮並縮小社會差異。此外，藍圖也要求東協會員國遵守一個以規則為基礎的系統，以便確實有效遵守經濟承諾，因此會有東協共同體計分機制，對整個共同體推定的進展進行審查和評估。

二、日本政策立場與參與現況

近年來，日本為因應預計於2015年的AEC，積極利用外交、經貿、政府開發援助（ODA）等多重管道，強化與東協經貿關係。2011年11月日本與東協舉行領袖會議並發表〈峇里宣言〉，提出雙方合作戰略五大支柱：

1. 加強地區政治及安全保障合作；
2. 加強旨在構建東協共同體的合作；
3. 加強旨在加強日本與東協紐帶關係的互聯互通性；
4. 構建具有更強抗災能力的社會；
5. 應對地區共同課題及全球課題。

2013年適逢日本與東協建立關係40週年，日相安倍晉三啟程訪問東協全體成員國，成為首位在一年內遍訪東協全體成員的首相；同年12月日本與東協代表在東

京舉行高峰會，日本並宣布2014年後對東協的支援方針，包括五年內提供2兆日元的政府開發援助，全力支持東協於2015年實現「東協經濟共同體」之目標，積極展現日本重視東協之立場與決心。事實上，日本自2005年推動與東協之經濟合作協定，緊接著於2007年完成貨品貿易談判並於2008年生效後，2010年起進一步與東協展開服務與投資協定之談判。由此可見，東協在日本全球經貿布局中占有關鍵位置，而日本與中國競爭東亞區域整合主導權之際，亦間接促進「東協經濟共同體」目標的實現。

重要名詞解釋

關稅暨貿易總協定（General Agreement on Tariffs and Trade, GATT）：在1944年「布萊頓森林體系」（Bretton Woods system）的框架下，再加上「國際貨幣基金」和「國際復興開發銀行」的協助，23國代表在1947年10月簽署了「關稅暨貿易總協定」。該協定旨在透過實質關稅減讓、消除數量的限制、管制某些非關稅障礙等措施，進而達成全球貿易自由化之目標。其運作原則包括自由、非歧視（最惠國待遇、國民待遇）及多元化，國際貿易必須在這三項原則下進行。。

世界貿易組織（World Trade Organization, WTO）：1994年GATT烏拉圭回合（Uruguay Round）部長會議後中成立之全球性貿易組織，用以取代成立於1947年的GATT，負責管理世界經濟與貿易秩序。WTO自1995年1月1日正式運作後，迄今（2015年）已擁有161個正式會員，其所規範之領域除傳統之貨品貿易議題外，還包括服務業與智慧財產權等議題。WTO設置具準司法性質之爭端解決機制，其裁決對於各會員具有拘束力，並與聯合國及各專業性國際組織如「國際貨幣基金」、「世界銀行」、「世界關務組織」、「世界智慧財產權組織」等密切合作。

區域貿易協定（Regional Trade Agreements, RTA）：RTA是指二個或二個以上國家（或關稅領域）所簽署之互惠性貿易協定。依據WTO規範，RTA包括「關稅同盟」（CU）、「自由貿易協定」（FTA）、「部分範圍協定」（PSA）、「經濟整合協定」（EIA）等四種類型。其中，CU、FTA、PSA規範的貿易類型為「貨品貿易」，EIA規範的貿易類型為「服務貿易」。一個RTA可以僅含前述任一種協定（即僅含貨品貿易或服務貿易），亦可同時由前述任二種以上之協定組成（通常為同時涵蓋貨品貿易及服務貿易）。然而在國際經貿領域，報章及文獻仍習慣使用FTA來

指涉國家之間簽署之區域貿易協定，忽略了其實FTA在精準定義上只是RTA的一種類型。

經濟夥伴協定（Economic Partnership Agreement, EPA）：日本政府向來習慣使用EPA方式簽訂雙邊FTA，其實質內容除傳統FTA之貿易自由化外，更重要的是與締約國之間的經濟合作事項。EPA除了開放市場與消除貨品貿易限制外，亦將促進投資、加強經濟合作、協調相關政策、人才交流以及各種互助合作等事項，列為締約國之間的義務。而由於日本對EPA中的開放項目均甚為謹慎，除藉此增加EPA簽署內容的細緻度，亦可兼顧各國不同需求、提升談判效率。

義大利麵碗效應（spaghetti- bowl effect）：「自由貿易協定」（FTA）和「區域貿易協定」（RTA）提供了簽字國具有歧視性的優惠待遇，而對其他國家採取一般關稅稅率。隨著雙邊協議中關於「原產地規則」的條款愈來愈多，區域內並存的貿易規範將變得像碗裡的義大利麵條一樣混亂複雜，反而增加交易成本，故而將此現象稱之為「義大利麵碗效應」。

政府開發援助（Official Development Assistance, ODA）：已開發國家對發展中國家的一種經濟援助。根據「經濟合作暨發展組織」（OECD）之定義：ODA是由已開發國家所提供贈與水平25%以上之贈款或貸款，目的在促進開發中國家經濟發展與人民生活。ODA的官方色彩讓其不僅是金錢往來，通常援助國的無形影響力也將藉由援助逐漸進入對象國，從而也是一種政治工具。日本在二戰後曾一度成為全球最大的受援助國，但自1964年加入OECD後逐年增加ODA預算，甚至在1991年超越美國而躍居世界第一，據以落實其先進國外交戰略。

問題與討論

一、全球化趨勢下何以又出現經濟區塊化現象？而區域國家競相簽署FTA/RTAs協定以提升生產與貿易效率之際，「貿易創造」與「貿易轉移」效果對會員與非會員各產生哪些重要影響？

二、當前亞洲區域經濟整合呈現何種趨勢？日本在「多層次經貿政策」戰略下，又如何透過洽簽「經濟夥伴協定」（EPA）方式達成總體經貿戰略目標？其實踐途徑與具體成效各為何？

三、「亞太經濟合作」（APEC）何以能在複雜的區域環境中順利運作？日本協助建立APEC的動機與作法為何？而它在APEC中扮演何種關鍵角色？近年來又提出哪些促

進區域經貿合作之倡議？

四、「東協加三」（ASEAN+3）提出之背景爲何？此一與東協合作爲中心之經濟整合方案，何以能逐步在區域經濟合作中發揮主導作用？而中國與日本既競爭又合作的態勢，又對「東協+3」產生哪些重要影響？

五、「跨太平洋夥伴協定」（TPP）推動現況爲何？它與「區域全面經濟夥伴協定」（RCEP）在談判議題、實質內容與運作方式上有何不同？而日本在二者之間的參與動機、涉入程度，以及談判策略各爲何？

六、「東協經濟共同體」（AEC）在全球及區域經濟中的重要性爲何？日本如何協助東協於2015年實現AEC之目標？而AEC成立後又將爲日本帶來哪些機會與挑戰？

參考閱讀書目

任燿廷（2009）。《東亞區域經濟的發展與日本》。台北：秀威資訊。

宋興洲（2005）。《動態的東亞經濟合作：理論性爭議與實踐》。台北：鼎茂出版社。

宋鎮照等（2013）。《後冷戰時期日本與東協互動關係轉變之研究：安全與發展之建構主義分析（1990-2010）》。台北：五南圖書出版公司。

宋鎮照等（2015）。《〈中國－東協自由貿易區〉發展的政治與經濟分析：關係、模式和策略》。台北：五南圖書出版公司。

蔡東杰（2013）。《東亞區域發展的政治經濟學》。台北：五南圖書出版公司。

第十五章 戰後台灣與日本關係

楊鈞池

學習目標

一、瞭解日本與台灣之間外交關係的演變過程與特質。

二、歸納日本與台灣之間外交關係結構轉變的主要原因與外在限制。

三、說明日本與台灣之間外交關係爭端議題的焦點。

四、分析日本與台灣之間外交關係未來發展的重點與可能的難題。

第一節　日本與台灣外交關係演變的四個階段及其特質

二戰後台灣與日本關係，大致分為四個階段。

一、1945年戰爭結束到1962年建立外交關係

第一個階段始於1945年8月15日日本投降後，台灣結束了日治時代。1949年中華民國政府播遷來台後，由於國際冷戰態勢的形成，促使同屬於資本主義陣營的日本與中華民國開始尋求建立正式的外交關係。1951年12月日本首相吉田茂寫信給美國國務卿杜勒斯（John F. Dulles），稱為〈吉田書簡〉，向美國保證不承認「中華人民共和國」，並願意依「舊金山和約」之原則與台簽訂恢復正常關係之條約。1952年〈中日和平條約〉，也就是〈中華民國與日本國間和平條約〉，又稱〈台北和約〉、〈中日戰後和平條約〉，簡稱〈中日和約〉在台北簽字。該條約共計14條，其中比較值得注意的是，中華民國政府不索求賠償，日本放棄對於台灣、澎湖以及南沙群島、西沙群島之一切權利與要求。美國為「圍堵」共產勢力的威脅，也

將台灣與美日安保體制連結在一起。1951年簽訂的「美日安保條約」第1條規定，日本允許美軍部署於日本國內及其附近，而駐日美軍可被使用於「遠東地區」的國際和平與安全之維護，也就是所謂「遠東條款」。該條約雖未明確指出「遠東地區」所涵蓋的地理範圍，不過，發生在1950年兩次的台海危機，美國為嚇阻危機升高所部署於台灣海峽之第七艦隊艦艇，主要是來自日本橫須賀美軍基地。

二、從1962年建交到1972年斷交

〈中日和約〉簽訂後進入台日關係的第二階段，日本與中華民國維持外交關係。不過，日本基於經貿因素，採取政經分離，也逐漸增加與中華人民共和國的經濟與文化交流。1958年5月2日在日本長崎一家百貨公司舉辦的中國商品展覽會上，發生兩名青年扯下中華人民共和國國旗事件，中華人民共和國宣布全面終止與日本的經濟、文化交流，直到1962年末完成新的民間貿易備忘錄才恢復交流。1963年10月中華人民共和國派出中國油壓機械訪日代表團前往日本參訪，團員周鴻慶前往中華民國大使館尋求政治庇護。池田勇人內閣將欲投奔台灣之周鴻慶遣返中國大陸，引起中華民國政府不滿，一度召回駐日大使張厲生表示抗議，稱為「周鴻慶事件」。

1964年2月日本前首相吉田茂訪台，蔣中正總統與之多次會談，檢討亞洲反共局勢，認為欲謀求東亞和平與安定，必須增加瞭解真誠合作。蔣中正總統以吉田茂為日本元老，乃促其負責共同挽救此一危機。吉田茂與蔣中正共同發表〈吉田書簡〉，支援國府，始緩解雙方關係。同年3月蔣介石接見日本記者訪問團，期望日本國民勿受中國大陸迫誘，而危害台日傳統友誼。7月日本外相大平正芳來台，兩度晉見蔣總統，陳述台日關係，並表示日本「非常希望中華民國能反攻復國成功」。10月第18屆奧運會在東京舉行，其聖火傳遞路線包含台北市，成為迄今唯一一次進入台灣的奧運聖火。舉行期間發生中華民國代表團之運動員馬晴山投靠中共事件。1965年2月日本首相佐藤榮作在日本國會表示，吉田茂致蔣中正書簡，對日本政府具有約束力。1968年6月8日蔣總統接見日本新聞編輯訪台團，重申堅決反對「兩個中國」之一貫立場，並強調日本如果廢除〈吉田書簡〉，無異廢棄「中日和約」；蔣總統指出中共為東亞災禍之源，所謂中立共存，將貽無窮禍害，日本應

合作消弭危機。

　　1971年10月聯合國大會針對「中國代表權問題」表決時，日本投票支持中華民國續留聯合國。1972年美國政府宣布將包含釣魚台列嶼（日本稱尖閣群島）在內的琉球群島行政權歸還給日本，中華民國政府發表聲明表示對釣魚台擁有主權，不承認此舉，釣魚台問題由此產生。不過，在日本佐藤榮作內閣時期（1964年11月至1972年7月），應該是台日外交關係最緊密的時期。

三、從1972年台日務實關係的開展到1990年代台日務實關係的轉型

　　1972年7月立場親台的日本首相佐藤榮作宣布退休，建構在美蘇或美中對立的國際冷戰體系的台日關係開始出現鬆動，受到美中和解的影響，周恩來也利用時機主動發表中日雙方儘速建交之聲明。日本國會隨後通過田中角榮繼任首相，田中角榮並於9月25日訪問中華人民共和國，9月29日雙方發表〈聯合公報〉（中華人民共和國政府和日本國政府聯合聲明）建立外交關係。同日，中華民國外交部發表聲明，宣布對日斷交，惟與日本民間及其反共人士仍維持友好之關係，雙方貿易及文化交流繼續發展。日本與台北之間的官方關係遂告中斷。

　　在務實外交的政策方針下，台日關係往來層次由官方轉為民間，仍維持經貿、文化及人民的往來。但事實上，因雙方尚有許多涉及外交層面的問題必須解決，例如航約等議題是無法透過民間層級來進行的，因此在斷交後，日本與台灣建立一套「準官方窗口」往來模式，中華民國政府成立「亞東關係協會」，而日本方面亦以民間團體名義設置「財團法人交流協會」，繼續負責相關事務。「亞東關係協會」並且在日本的東京、大阪、橫濱等地方設置辦事處；「交流協會」也在台北與高雄設置事務所。

　　1972年12月26日台日簽屬〈互設駐外辦事處協議書〉，據此「亞東關係協會」陸續在東京、大阪、福岡、橫濱、那霸、札幌六地設置辦事處；「交流協會」在台北、高雄兩地設置辦事處。「亞東關係協會」雖屬內政部登記之人民團體，實質上則由外交部及經濟部派員組成，執行外交部對日相關業務。外交部為配合政府組織改造，推動亞協法制化，乃於2011年11月14日修正組織法條文，並於第7條明

定「外交部得委託特定團體處理涉外事務」，除維持亞協爲人民團體地位外，並依據該法條委託亞協辦理日本相關事務，確立外交與亞協間「委託」與「受委託」之相互關係。

日本與台灣終止官方關係，最大的限制是日本的政務官與高級文官等政府官員無法訪問台灣，然而，國會議員以及地方層級的官員則不受到限制，台日之間的國會外交更顯得重要。1973年自民黨部分國會議員爲表達支持台灣的態度，成立跨黨派的「日華關係議員懇談會」，由灘尾弘吉出任會長，其他的發起人包括藤尾正行、石原慎太郎、田中隆夫等人，起初約有150名國會議員參加，後來逐漸增加到270多名國會議員。「日華關係議員懇談會」在無法有官方往來接觸的台日之間扮演重要的橋樑，有時候甚至可以直接在日本國會爲台灣爭取支援與權益。

1993年日本政局出現變化，自民黨的分裂以及新興政黨的成立，新成立的新進黨也在1995年成立「日華議員聯盟」，1997年「日華關係議員懇談會」與「日華議員聯盟」正式合併，出現日本國會跨黨派之「日華關係議員懇談會」。

四、從1990年代台日務實關係的轉型至今

冷戰結束後，台日關係進入新的階段，民主化的台灣不斷要求日本，除了經貿關係，也應該提升台日外交關係與待遇。1994年亞洲運動會在廣島舉行。主辦單位原有意邀請李登輝總統出席開幕儀式，但在中國方面的堅決反對下，改由行政院副院長徐立德代表出席；同年5月李登輝與來訪的日本著名作家司馬遼太郎對談，提出了「身爲台灣人的悲哀」。

1995年10月APEC領袖高峰會在大阪舉行，台灣原本希望能提高出席領袖高峰會議的代表層級，經由協商後，由海基會董事長辜振甫代表出席。

1999年921地震後，日本派遣的搜救隊是來台之國際援助隊中人數最多的一支，也是日本史上援助海外的隊伍中規模最大的一次。當時的日本總理小淵惠三並代表日本人民對災民表達慰問。日本的紅十字會總會接受日本民眾捐款，協助台灣辦理921賑災，是捐款額度最高的姊妹國紅十字會。該會捐助中華民國紅十字聯合會台灣921專案經費達瑞士法郎45,681,873元，折合約新台幣12億187萬元，協助台

灣各項賑災相關活動，其中，來自日本民眾的捐款占捐款總數約6成。

在此一階段的最大變化是國際局勢，特別是東亞局勢對台日關係的影響。1992年北韓被質疑已經發展核子武器與中長程彈道飛彈，以及1995年與1996年中國在台海區域試射飛彈，這些事件促使美國與日本加強在東亞地區的安保合作，美日「2+2」會談舉行，討論修改〈美日安保防衛合作指針〉的適用範圍，1996年美國總統柯林頓與日本首相橋本龍太郎達成協議，擴大〈美日安保防衛指針〉的適用範圍，強調以「周邊事態」的嚴重性來作為美日是否合作介入的判斷標準。在這樣的背景下，台日關係也開始有所變化。

1995年6月李登輝總統訪問美國，同年7月至8月中國在台灣海峽進行導彈演習，1996年3月中國再度在台灣海峽進行導彈演習，而李登輝總統透過直選的方式連任總統，也強化台灣對民主的支持及人民對政府的正當性。美國柯林頓總統在這段期間，一方面小心翼翼地避免因誤解導致的軍事衝突，另一方面派遣兩艘航空母艦前往台灣海峽，對中國發出政治訊息。而日本的橋本龍太郎首相及其內閣在此一階段除緊密觀察時事的發展與演變，另一方面傳出在台海危機中曾考慮為美國軍艦補給燃料。

1996年4月美國與日本發表共同宣言，宣稱「日美安保條約」是面向21世紀的同盟，應延長期限並使其更有實效。1997年6月7日公布的〈美日防衛合作新指針〉則以「周邊事態」作為新指針的重要特徵。

至於台海紛爭是否被涵蓋在「周邊事態」，當時的內閣官房長官梶山靜六於1997年8月17日接受電視訪問時表示「在理論上，台灣海峽是包括在內的」。對此，《新華社》於翌日發表評論指出：梶山靜六談話，「構成對中國主權與安全之威脅」、「與美化侵略戰爭、煽動中國威脅論之危險傾向一脈相連」。而《人民日報》則認定，「此係中日外交關係正常化以來，日本政府高官首度公然干涉中國內政之發言」、「是日本企圖以軍事力量介入台灣問題之訊號」。

新指針公布後，日本為確保新指針之有效運作，於1999年5月經國會審查通過〈周邊事態安全確保法〉、〈自衛隊法修正案〉、〈日美物品勞務相互合作協定修正案〉等三項法案，規範在美軍介入日本周邊事態時，日本自衛隊所擔負的任務。

2002年起日本外務省修改內規，原僅由副課長級以下的官員可與台灣的官員

接觸，提升至課長級以下官員。

　　中華民國與日本斷交之後，由於日本政府不再承認中華民國護照，持中華民國護照者申請簽證時，由日本外務省將〈渡航證明書〉浮貼於護照內頁取代一般簽證。1998年4月日本修法承認中華民國護照後才直接發給簽證。2005年愛知博覽會期間，日方給予持中華民國護照旅客免簽證優惠，日本國會隨後於8月間通過永久給予台灣旅客九十日免簽證待遇。

　　雖然台灣與日本關係基本友好，但在釣魚台歸屬問題上仍上有著相當大的歧見。該島現由日本實際管轄，但台灣漁民認為當地海域屬台灣傳統漁場，導致台灣漁民、海巡署與日本海上保安廳時有衝突事件傳出，例如2008年6月的聯合號海釣船事件，台北方面甚至召回當時的駐日代表許世楷以示嚴正抗議，最後日本政府同意道歉並賠償相關損失。

　　2011年3月11日日本東北地方發生芮氏規模9.0的強烈地震，中華民國政府及民間組織迅速派出救難團隊赴日搶救，各級政府、主要政黨、企業界、影視圈及慈善團體踴躍響應捐輸物資及金錢，並親赴災區賑濟及參與中長期的重建計畫，捐助總金額達新台幣70億元以上，高居全球之冠。台灣對日本的熱情援助，一般普遍認為是兩國的歷史淵源與民間長久的密切互動交流，以及日本在台灣921大地震及88水災迅速、慷慨及友善的援助所致。

　　2011年9月和11月台日雙方先後簽署投資協定及開放天空協定。自2012年7月9日起日本政府廢除向來的外國人登錄證，實施對旅居日本外籍人士的管理新制，旅日台灣人的居留卡國籍欄正名記載為「台灣」，而非「中國」。

　　2012年9月25日為抗議日本將釣魚台國有化和爭取漁業權，宜蘭蘇澳五十多艘漁船前往釣魚台附近海域陳情抗議，並在海巡署艦艇護衛下和日本海上保安廳船隻對峙。事後在外相玄葉光一郎呼籲下，同年11月雙方重啟中斷三年的漁業權問題談判。

　　倡議價值觀外交與自由與繁榮之弧的安倍晉三與麻生太郎兩位首相卸任後訪問台灣時都表示日本與台灣是有自由民主、基本人權以及法治社會等共同價值的友好夥伴，形成現在密切的台日關係。外務大臣岸田文雄於2013年1月在致「交流協會」成立四十週年紀念之賀辭表示：「根據民意調查……日本或台灣，10個人內

有7個人皆對對方抱有親切感。東日本大地震之後，台灣對日本提供了打破規格的支援，日本亦爲表達對台灣的感謝而舉辦了無數的活動，這一切正反映著日台關係的親密。……支撐起日台間深厚友誼與信賴關係的正是民主、自由、和平等共同的基本價值觀。台灣民衆在這四十年間，實現了令人印象深刻的經濟發展與政治民主化，也深植了公平與公正的政治制度，作爲同樣擁有這些基本價值觀的我國亦對此甚爲欣喜。……殷切期盼……日台間良好的國民情感與緊密的實務關係爲基礎，持續加強與台灣各界的相互信賴，推動日台間各項合作，使我國的人民與台灣的人民間的友誼能超越時代，超越世代……。」

2013年4月10日台日正式簽署〈台日漁業協議〉，就雙方重疊專屬經濟海域的漁權與漁船作業安排達成共識，共享釣漁台列嶼12海浬外海域的漁業資源。

2013年5月13日台北地標101大樓與東京晴空塔合作，正式簽署共同友好宣傳計畫。

2014年6月日本東京的東京國立博物館舉行名爲「台北國立故宮博物院－神品至寶」的特展，展出包括翠玉白菜及肉形石在內的國立故宮博物院所收藏之大批文物。

2015年4月至5月間中華民國政府爲加強食安把關，禁止福島、櫪木、千葉及群馬受核災影響的五縣之所有食品輸入。另要求其餘都道縣的食品須附產地證明，部分地區生產的茶葉、嬰兒食品、乳製品、水產品等則要附輻射檢測證明。引起安倍內閣關切，認爲規範太嚴格，希望撤除並先後派出農林水產省官員及岸信夫、萩生田光一等國會議員來台溝通。

現階段台日的經貿交流、文化交流與城市交流的現狀，非常緊密。其中在經貿方面，日本是我國第三大貿易夥伴，以及外資與技術的主要來源之一，台灣是日本第四大貿易夥伴，雙方2014年貿易總額爲616億美元，2014年台灣對日投資件數爲五十件，投資金額爲6億8002萬美元，同期日本對台投資件數爲四百八十八件，投資金額爲5億4731萬美元，總計12億2733萬美元。

在文化與城市交流方面，2010年4月21日行政院文建會駐日本文化中心經過一年多的籌劃後正式宣布成立，最初是設立於日本東京白金漢台，與台北駐日經濟文化代表處合署辦公，目前已遷至東京虎之門，有單獨的辦公室與展覽空間。該文化

中心主要是延續紐約台北文化中心與法國台灣文化中心的定位，是銜接台灣文化與日本社會交流的國際平台。更重要的是，駐日本文化中心是繼紐約、巴黎後第三個設置的海外文化中心，是亞洲的第一個，突顯出政府重視台日交流及文化軟性議題的雙重意義。

　　根據外交部的資料顯示，近年來日本各地方縣市積極推動與我國間之經貿、觀光、文化等各項交流，並認為可藉以振興該縣之城鄉發展並帶來實質利益，日本各縣市政府均設立有「國際交流課」或類似組織，專責國際交流事務或擔任交流窗口，業務內容包括：推動雙方航空包機往來、招攬國外觀光客、招商及經貿投資、物產特展、文化體育、學術交流、青少年交流等。台灣與日本各該縣市間之「城市外交」，將可使台日雙方縣市透過各項實質交流活動達到促進共同發展、互蒙其利，並增進兩國人民之友誼。

第二節　日本與台灣外交關係結構轉變的主要原因

　　影響台日關係的演變與發展，最主要有三個原因：

　　（一）（各自）國家利益的考量。例如經貿利益、政治利益等，是影響台日關係發展的重要因素。

　　（二）國際關係的變化。例如冷戰時期、後冷戰時期，皆影響台日關係的發展。

　　（三）國際主要大國之間的關係。例如日本與中國、日本與美國等，也影響了台日關係的發展。

第三節 日本與台灣外交關係爭端議題的焦點

一、釣魚台的主權爭議

日本與台灣對於釣魚台歸屬問題上仍有著相當大的歧見。該島嶼目前是由日本實際管轄，不過，台灣漁民認為當地海域系屬台灣的傳統漁場，導致台灣漁民、海巡署與日本海上保安廳時有衝突事件傳出，最近一次激烈的衝突是在2012年9月，當時為了抗議日本將釣魚台國有化，宜蘭蘇澳五十多艘漁船前往釣魚台附近海域抗議，並在海巡署艦艇護衛下和日本海上保安廳船隻出現對峙。同年11月，日台重啓中斷三年的漁業權問題談判。2013年4月10日，台日正式簽署〈台日漁業協議〉，就雙方重疊專屬經濟海域的漁權與漁船作業安排達成共識，共享釣漁台列嶼12海浬外海域的漁業資源。不過，日本與台灣對於釣魚台的主權歸屬仍無解。

二、日本與台灣關係的正常化

日本與台灣斷交後，一直有論者主張希望能恢復雙邊的、正常的外交關係，雖然很困難，不過在經貿議題方面，台灣與日本正透過堆積木的方式，以各種單一議題的協議，來建構雙邊的自由貿易關係，在經貿議題方面進行全方位的交流與合作。

三、日本是否通過〈台灣關係法〉

由於美國國會通過〈台灣關係法〉，並且作為美台交流的重要基礎，因此台日也有論者提出日本國會也應該仿效美國國會通過〈台灣關係法〉，作為台日交流的重要基礎。

四、日本與台灣外交關係未來發展的重點與可能的難題

　　（一）日本與台灣之間的自由貿易協議。日本與台灣的經貿往來相當密切，未來有機會透過堆積木的方式來建構雙邊的自由貿易關係。

　　（二）日本與台灣之間的安保合作。日本與台灣同樣屬於美國在亞太地區圍堵共產勢力的第一島鏈，美國與日本之間有安保防衛合作，也有論者主張，日本與台灣之間也應該進行安保合作。不過，這樣的主張也有論者從兩岸關係或中日關係的角度來加以反對。

重要名詞解釋

吉田書簡：1951年12月日本首相吉田茂寫信給美國國務卿杜勒斯（John F. Dulles），稱為〈吉田書簡〉，向美國保證，日本不承認「中華人民共和國」，願意依「舊金山和約」之原則與台簽訂恢復正常關係之條約。1952年，「中日和平條約」，也就是「中華民國與日本國間和平條約」，又稱「台北和約」、「中日戰後和平條約」，簡稱「中日和約」，在台北簽字。

亞東關係協會：1972年中華民國與日本斷交後，中華民國為維持與日本之間的經貿、人員等方面的來往，政府委託民間團體「亞東關係協會」來進行台日交流。「亞東關係協會」雖然是民間團體，但是外交部與相關部會掌握主導權，除了派遣人員進駐之外，「亞東關係協會」的會長也由總統指派，凸顯「亞東關係協會」的重要性。「亞東關係協會」派駐日本東京辦事處（目前改名：台北駐日經濟文化代表處）的處長也往往被視為我國的「駐日大使」。

交流協會：1972年日本與中華民國斷交後，日本為維持與台灣之間的經貿、人員等方面的來往，由外務省委託民間團體「交流協會」來進行台日交流。「交流協會」雖然是民間團體，但是外務省與其他部會掌握主導權，派遣公務人員進駐。「交流協會」的會長往往是由日本重要的財經領導人士來擔任，「交流協會」的理事長、台北事務所所長與高雄事務所所長則由外務省資深的外交官退休後擔任。「交流協會」台北事務所所長也被視為日本的「駐台大使」。

問題與討論

一、請問日本與台灣之間務實關係的特殊性為何？

二、請問日本與台灣之間存在哪些共同的利益？有哪些衝突爭端？

三、請問日本與台灣之間未來發展有何重點著力之處？

參考閱讀書目

川島眞、松田康博、楊永明、清水麗（2009）。《日台関係史1945-2008》。東京：東京
　　大学出版会。

　野和生（2012）。《日台関係と日中関係：〈日中国交正常化〉を見直す！》。東京：
　　展転社。

田村重信、小枝義人、豊島典雄（2000）。《日華断交と日中国交正常化》。東京：南
　　窗社。

李世暉

學習目標

一、瞭解日本島嶼主權問題的形成背景。

二、說明日本島嶼主權紛爭的議題，以及與周邊國家的關係。

三、分析日本歷史認識問題的形成背景。

四、闡述日本歷史認識問題對日本東亞外交的影響。

第一節　日本島嶼主權問題的形成背景

一、日本的對外戰爭與領土取得

　　1850年代，初次登上國際政治舞台的日本，立即發現其身陷西方列強爲非西方國家所設計的不平等條約網絡之中。此一網絡機制包括條約港、固定關稅、最惠國待遇、治外法權等制度，且已被應用於暹羅（1855年）、波斯（1857年）、中國（1858年）、土耳其（1861年）等國。歷經幕末時期的短期動盪，新成立的明治政府，一方面透過大政奉還、廢藩置縣、土地改革、徵兵制等「明治維新」的政策措施，走向中央集權的帝國發展路線；另一方面則是積極確立新帝國的領土疆域，包括與俄羅斯交涉北方的庫頁島、千島群島的歸屬，與清朝交涉南方琉球群島的歸屬，以及與英、美交涉東南方小笠原群島的歸屬。經過數年的交涉，日本放棄庫頁島換取對千島群島的支配權，並將小笠原群島與琉球劃歸明治國家的領土。

　　確立國家疆域後的明治政府認知到，日本是一個島國，在海岸線的防衛上更顯困難。美國的「黑船來襲」讓明治政府徹底瞭解到，海洋與距離不再是日本安全保

障的優勢；如何拒敵於「境外」，即成為明治維新之後日本政府外交與安全保障政策的重點。在此一思維下，近代的日本在東亞地區發動了三次重要的戰爭。

第一次是1894年的「甲午戰爭」（日本稱之為「日清戰爭」）。日本與清朝在朝鮮半島、遼東半島、山東半島及黃海等地，針對朝鮮半島的支配權進行陸軍與海軍的交戰。戰爭獲勝的日本，向戰敗的清朝索取了遼東半島與台灣。前者是支配朝鮮半島進而北向發展的重要布局，後者則是南向揚威的海洋戰略方針。

第二次是1904年的「日俄戰爭」。近代的日本將其安全保障的成敗，取決於朝鮮半島的掌握；而朝鮮半島的掌握，則是取決於中國東北（滿洲）的安定。而中國的東北地區，也是當時俄羅斯在遠東地區的生存命脈。因此，此處就成為日本與俄羅斯的核心戰略關鍵地，而日俄兩國在地緣戰略上的結構性衝突，導致了「日俄戰爭」的爆發。戰敗的俄羅斯，除了將南滿鐵道支線移交日本接管外，也同意把北緯50度以南之庫頁島南部及其附近島嶼的主權，讓與日本政府。

第三次則是1941年至1945年的「太平洋戰爭」。日俄戰爭之後，日本的安全保障核心議題，已從明治維新初期的「維護日本主權獨立」，一舉擴大為在東亞地區「確保日本帝國利權」。太平洋戰爭期間，日本勢力一度席捲整個東亞地區，但最後依舊不敵以美國為首的同盟國。1945年8月15日，日本宣布無條件投降，並放棄自1894年甲午戰爭以來對外擴張所占領的領土。

二、冷戰體制與領土爭端

1943年11月，美國、英國與中國首腦齊聚埃及開羅，並發表〈開羅宣言〉。除了商定共同作戰方針與要求日本「無條件投降」的作戰目標之外，也主張剝奪日本自1914年以後在太平洋所奪占之一切島嶼，使東北、台灣及澎湖群島歸還中華民國，以及使朝鮮自由獨立。

第二次世界大戰後期，英、美兩國為減少其軍隊的傷亡，以及加速日本投降的進程，一再要求蘇聯加入遠東戰場進行對日作戰。1945年2月4日至2月11日期間，美國、英國、蘇聯三國首腦在雅爾達進行會談。此一雅爾達會議，不僅直接決定戰後日本的發展，也對戰後世界體系產生深遠影響。在〈雅爾達協定〉中主張，日本

在1904年從俄羅斯取得的權益，須予以交還；庫頁島南部及鄰近一切島嶼，包括千島群島也須交與蘇聯。

1945年7月，美國、英國與中國共同發表〈波次坦公告〉，呼籲日本政府命令其軍隊無條件投降。公告中關於領土部分的主張如下：〈開羅宣言〉之條件必將實施，而日本之主權必將限於本州、北海道、九州、四國及同盟國所決定其他小島之內。

日本戰敗之後，盟軍即依據前述三項與日本領土處置有關的宣言、協定與公告，開始處理相關的領土議題。首先，蘇聯占領包括南千島群島（齒舞群島、色丹島、澤捉島、國後島）在內的整個千島群島，並將其納入其版圖。其次，中華民國除了取回台灣與澎湖之外，也向美國要求琉球群島的統治權。但美國拒絕此項要求，將琉球群島與釣魚台列嶼列爲其戰略託管地區。與此同時，聯合國盟軍最高司令部，於1946年發布「訓令第677號」，規定「郁陵島、獨島、濟州島不屬於日本領土」。韓國乃依據此一訓令，將獨島劃歸爲自國的領土。

身爲二次世界大戰的戰敗國，戰後初期的日本在相關領土的議題上，並未有任何置喙的空間。美國透過〈戰後初期美國對日政策〉以及〈戰後初期基本政策〉這兩份文件，一方面強調美國對日本的絕對控制權力，另一方面則是對日本實施嚴厲的懲罰與改造。然而，1947年之後，世界情勢與東亞情勢都出現重大的變化。首先，就世界情勢來說，以聯合國爲核心進行運作的戰後新國際體系，因美國與蘇聯之間的對立加劇而窒礙難行；逐漸形成美國自由民主陣營，對抗蘇聯共產極權陣營的兩極體系。

其次，就東亞情勢來說，中國共產黨軍隊自1947年7月的「魯西南戰役」後，快速地在「國共內戰」取得優勢，影響了東亞地區的安全保障環境。國共內戰的發展，迫使美國政府重新考慮中國與日本在亞洲的地位與作用。此外，1947年2月，金日成創設「北朝鮮人民委員會」，成爲實質統治北朝鮮的政權，也爲動盪不已的東亞情勢投入新的變數。

對盟軍而言，透過「對日和約」處理日本領土問題，是建構戰後東亞秩序的重要關鍵。雖然美國與日本都希望儘快召開和平會議，簽訂和平條約以結束軍事占領的狀態。但是，關於和約內容與參與國家，簽約國彼此之間的意見相當分歧。1950年6月25日爆發的韓戰，讓日本成爲戰爭的前線國。此一發展，加速了「對日

和約」的進程。1951年9月4日，在美國主導的「舊金山和會」上，完成了「對日和約」的簽約儀式。

〈舊金山和約〉第二條規定：「日本放棄對千島群島，以及由〈樸資茅斯條約〉所獲得主權之庫頁島一部分及其附近島嶼之一切權力、權力根據與要求」。但由於冷戰的緣故，蘇聯並未參加由美國主導的「舊金山和會」。由此，非〈舊金山和約〉簽約國的蘇聯，並未能享有和約中的任何權利、權利根據及利益。1955年之後，日本與蘇聯爲了恢復外交關係而開始進行談判之際，北方領土問題即成兩國之間的重要爭議點。而獨島（竹島）、釣魚台列嶼（尖閣諸島）的相關爭議，也是此一「舊金山體制」所遺留下來的問題。

第二節　島嶼主權紛爭與周邊國家關係

一、北方四島與日俄關係

如前所述，日本與俄羅斯之間的領土爭端，在二次世界大戰之後逐漸成爲兩國外交關係的重要爭議點。日本要求俄羅斯實際支配的澤捉、國後、齒舞、色丹四個島嶼以及周邊附屬島嶼，必須交還日本。戰後的日本曾多次與俄羅斯的前身蘇聯交涉北方四島歸還議題，雙方也於1956年發表〈日蘇宣言〉。蘇聯爲拉攏日本，同意在考慮到日本的利益下，將齒舞群島及色丹島一並交於日本；但這些島嶼將在日本和蘇聯締結和約以後才進行移交。之後，隨著冷戰的對峙，「駐日美軍的撤離」，成爲蘇聯移交北方島嶼的新條件。到了1973年，日蘇發表共同聲明，雙方同意透過締結「日俄和平條約」的方式解決北方領土問題。

進入後冷戰時期，日俄兩國在北方四島的議題上出現進展，雙方決議加速和平條約的簽訂，並解決爭議多時的北方四島問題。特別是自蘇聯解體以後，俄羅斯的國力大幅衰退；爲了尋求日本的經濟援助，俄羅斯調整其對日政策，積極主動謀求改善日俄關係。在此背景下，日本再次將北方四島的移交問題提上日俄兩國關係的議事日程，並強烈要求北方四島同時歸還。然而，俄羅斯只認定齒舞、色丹爲必須歸還的島嶼，導致雙方並未在領土議題上獲得實質進展。進入2000年之後，普亭統

治期間的俄羅斯，朝向強化國家威望的軍事外交方針發展；此一北方四島的議題與國族主義結合之後，大大地增加了處理相關爭議的難度。

北方四島的領土爭議，除了與國家主權、國族主義直接相關之外，也涉及到日俄兩國實質的國家利益。對俄羅斯而言，北方四島的意義在於確保俄羅斯在遠東地區的航行自由。若四島成為日本控制的領土，俄羅斯在太平洋地區的安全保障，將受到日美安保體制，即美國的威脅。此外，北方四島附近海域蘊藏大量天然資源與漁業資源（世界三大漁場之一），在資源爭奪的今日國際社會，俄羅斯返還四島的可能性極低。

對日本而言，北方四島是日本固有的領土，且澤捉、國後兩島住著日籍的島民。熱切返鄉的高齡島民對日本尚存有國家認同，但在島上出生的二世島民，對日本的認同已逐漸淡化。四島問題的拖延，將升高返還的困難度。此外，過去幾年的俄羅斯，在金磚四國經濟起飛的時期，大量在四島進行基礎建設的投資，快速改變島民的國家認同。

即便如此，日俄兩國貿易總額，自2006年起開始加速成長，從當年的213億美元，激增至2013年347億美元（日本貿易逆差127億美元）。顯示出兩國的經貿關係，進入了一個新的階段。其中，日本對俄羅斯出口的主要商品為汽車，俄羅斯對日本出口的主要商品則為石油與天然氣。

若只以遠東地區的貿易總額來看，俄羅斯在此一地區最重要的貿易夥伴國，依貿易總額的排序為中國、日本與韓國，占了俄羅斯在遠東地區貿易總額的80%以上。以2013年的數據來看（表16-1），俄羅斯遠東易區的貿易總額約為400億美元，中國占了其中地28.1%，日本與韓國分別為27.0%、24.2%。然而，俄羅斯對中國的貿易為入超，但對日本的貿易則為大幅出超。

表16-1　2013年遠東地區的貿易總額

	遠東地區		
	貿易總額	輸出金額	輸入金額
第一名	中國（28.1%）	日本（32.7%）	中國（47.2%）
第二名	日本（27.0%）	韓國（29.6%）	日本（14.2%）
第三名	韓國（24.2%）	中國（19.6%）	韓國（12.1%）

　　進入2015年之後，俄羅斯經濟因全球能源價格下跌而面臨困境。此時，如何在經濟上擺脫對中國的依賴，為俄羅斯思考經貿外交政策時的重要考量。就日本的來說，如何透過與俄羅斯的密切經貿往來，一方面獲得經濟發展所需的資源，另一方面增加與日中、日美關係發展的籌碼，則是日本經貿外交的活棋。在可預見的未來，與領土爭議有關的北方四島議題，依舊是主導日俄關係的關鍵，但經貿上的互補關係，以及東亞區域政治的競合關係，應可為日俄關係找到彼此良性互動的基礎。

二、獨島（竹島）爭議與日韓關係

　　1952年1月，韓國宣稱獨島是其領土後，就直接行使該島的實際管轄權，並依此劃定維護韓國海洋主權的「李承晚線」（Syngman Rhee Line）。當時的韓國總統李承晚，在中日韓之間的東海及日本海公海海域，劃定禁止外籍漁船進入的軍事界線。由於獨島周邊海域為豐饒的漁場，為保障韓國漁民的作業，對於進入此海域的日本漁船，韓國會以武力對其進行臨檢與捉拿。在日本的強烈抗議，以及美國的斡旋下，日韓兩國於1965年簽訂〈日韓基本條約〉與〈日韓漁業協定〉，才宣告廢止「李承晚線」。

　　韓國執行「李承晚線」的13年間，共拘捕日本漁民3,929人，扣留漁船328艘，並造成44名日本漁民死傷。1965年之後，韓國雖同意廢止「李承晚線」，但持續主張位於線內的獨島（竹島），是韓國實質管轄下的領土。日本則主張，竹島（獨島）自1905年來即為日本依「無主地先占原則」取得的固有領土，韓國在二次世界戰後占領該島的行為，是對日本主權的侵害。因此，日本認為韓國的實質占領，並不影響日本對該島的主權。雖然日韓兩國對獨島（竹島）的主權歸屬各有主張，但自〈日韓漁業協定〉簽訂後，日本漁船得以重新進入該島領海範圍以外的周邊海域作業。

　　1996年，日韓兩國相繼批准〈聯合國海洋法公約〉，全面實施200浬專屬經濟海域制度後，因獨島（竹島）主權歸屬而產生的管轄海域重疊議題，讓兩國間的島嶼主權爭端再起。2004年1月16日，韓國郵政部門設計、出售以獨島（竹島）

為題材的郵票，引發日本的強烈抗議。同年的2005年3月，日本島根縣議會通過設立「竹島日」，也引發韓國的強烈抗議。2006年6月，韓國更正原來認定獨島（竹島）是岩礁的主張，重新宣布將專屬經濟區的基點由鬱陵島推進到獨島（竹島）。2008年5月，日本文部科學省不顧韓國的抗議，將「竹島是日本領土」的主張納入「中、小學社會科學習指導綱領」。

2012年8月10日，為了宣示對獨島的主權，時任韓國總統的李明博登上獨島（竹島），成為韓國有史以來第一位直接登島的總統。此舉導致日本的強烈不滿，除了召回其駐韓大使，召見韓國駐日大使表示強烈抗議之外，日本國會也通過決議對李明博總統登島行動表示抗議。日本並於同年8月21日，向韓國正式提出由國際法庭仲裁獨島（竹島）問題的訴訟要求。一連串的相關行動，再度激化了沈寂一時的獨島（竹島）爭議。

若以地緣政治觀點來看，獨島（竹島）的最大爭議，除了國家主權之外，經濟海域劃分的基準點才是重要考量。因此，戰後以來的獨島（竹島）爭議，多侷限在日韓兩國雙邊關係上。然而，在日韓兩國同屬美國盟國的情況下，獨島（竹島）爭議的發展，卻可能影響日美同盟與韓美同盟之間的合作關係，並對美國的亞太戰略產生負面影響。有鑑於此，原本傾向由當事國自行解決獨島（竹島）爭端的美國，2010年之後開始表示關切，希望日韓兩國的關係不要被過去的事情所制約。

因此，由獨島（竹島）領土議題所形成的爭端，不僅影響日韓兩國的關係發展，也對美國的亞太政策投下變數。這是因為，美國為了有效面對中國的崛起與北韓的挑釁，除了強化日美同盟與韓美同盟外，更希望強化日韓之間的合作，建構一個美日韓三位一體的同盟關係網絡。換言之，日韓之間的獨島（竹島）領土爭端發展，將牽動東北亞乃至於亞太地區局勢的變動。

三、釣魚台列嶼（尖閣諸島）與日中台關係

自1968年聯合國經濟及社會理事會（United Nations Economic and Social Council, UNESC）發表報告，指出東海釣魚台列嶼附近海域直至南海之大陸礁層內可能蘊藏豐富石油及天然氣後，日本、中國與台灣三方之間，關於東海海底資源以

及釣魚台列嶼（中國稱「釣魚島」，日本稱「尖閣諸島」）的領土主權歸屬爭端，開始浮上檯面。1971年6月17日，美國與日本簽署「沖繩返還協定」，同意於1972年5月將釣魚島列嶼的行政管轄權，隨同沖繩管治權一起交還於日本。自此，日本開始實際控制釣魚台列嶼。台灣及中國也於1971年後，開始對日本在釣魚台行使主權提出抗議，並衍生出民間團體積極參與的「保釣運動」。到了1982年，〈聯合國海洋法公約〉頒布後，相關各方（特別是中國與日本）在東海海域專屬經濟區與大陸棚劃界問題上，彼此主張的矛盾與分歧日漸明顯。

隨著1991年冷戰的結束以及中國的崛起，中日雙方圍繞著東海海域的海洋資源的爭端愈演愈烈。1994年，〈聯合國海洋法公約〉正式生效以後，日本根據其對釣魚台列嶼的管轄權而擴大「排他性經濟海域」（EEZ）。對此，台灣與中國先後正式向日本提出「嚴正抗議」。1995年7月後，中國為了對台灣首度的總統大選施壓，多次在東海海域進行大規模軍事演習與飛彈試射。日本與美國雖後發表〈美日安全保障聯合宣言〉，將冷戰時期的美日安全保障條約適用範圍，從原本的遠東地區擴大到整個亞太地區。

1996年9月，香港保釣人士陳毓祥乘「保釣號」船到釣魚台列嶼海域宣誓主權時不幸溺斃，釣魚台主權爭端再次讓中日關係出現緊張情勢。在中國威脅論的影響下，美國國會特別調查小組委員會在〈尖閣群島（釣魚台列嶼）爭端以及美國的法律關係與責任〉的報告書中主張：「美國當局對日本與中國和台灣圍繞尖閣諸島出現的對立抱認真關切的態度。……在第三國對日本實際控制的該群島展開軍事進攻的情況下，一旦日本方面啟動日美安全保障條約的程序，該條約確實可以適用該群島」。

「九一一」恐怖攻擊事件發生後，美國為應對來自「不穩定弧形帶」（the arc of instability）的威脅，進一步提升了日美同盟的戰略地位。日本也在美國的全球戰略下，提升了對東海大陸棚調查的層級與力度，也直接強化對釣魚台列嶼的監視與實際控制。2002年6月，日本在內閣府下設立了由內閣官房、外務省、國土交通省、文部科學省、環境省、防衛廳、水產廳、資源能源廳與海上保安廳共同組成的「大陸棚調查與海洋資源相關省廳聯絡會議」，負責規劃與策定日本的海洋戰略。2007年，日本國會通過〈海洋基本法〉，強調當前國家的重大責任在於：在實施海洋綜合管理的新國際秩序中，維護日本的國家利益。

　　與此同時，台日之間、中日之間在釣魚台附近海域的衝突，與日俱增。在台日衝突方面，台灣漁船在台日專屬經濟區的重疊海域進行正常作業時，每每遭受日本海上保安廳的驅離、登臨、警告、登記切結，甚至遭到扣留與追訴。且此一情形在台灣單方面劃定「專屬經濟海域暫定執法線」並宣示護漁決心後，亦未見顯著改善。2008年6月，台灣的休閒漁船「聯合號」在釣魚台附近海域遭日本海上保安廳的船艦撞擊而沈沒，引發台灣的強烈抗議。

　　在中日衝突方面，2010年8月開始的一個多月期間，中國合計派遣160餘艘的漁政船出現在釣魚台附近的海域，其中約莫30餘艘進入了日本12浬界限內。2010年9月，中國的拖網漁船「閩晉漁5179」於釣魚台列嶼的12浬海域內，與兩艘日本海上保安廳船艦相撞。船長詹其雄當場遭到扣留，並遭琉球那霸地檢署以「故意妨礙公務之執行」起訴。

　　2012年4月16日，東京都知事石原慎太郎發動「購買釣魚台」行動，再度升高釣魚台列嶼主權的爭端。當時擔任日本首相的野田佳彥，則以「國有化釣魚台」的作為，試圖回應與控制日本國內的右派主張。日本的「釣魚台國有化」作為，引發台灣與中國的嚴正抗議。2012年9月11日，野田內閣以20.5億日圓從現有「島主」栗原家族手上接收了釣魚台三島，改變了長年以來對於釣魚台主權「擱置爭議」的現狀，使釣魚台列嶼爭議表面化、白熱化。

　　對此，中國一方面向〈聯合國海洋法公約〉設立的大陸架界限委員會，提交東海部分海域200浬以外大陸架劃界案，主張其東海大陸架自然延伸到沖繩海槽，涵蓋釣魚台列嶼與東海油氣田。另一方面則發動沿海漁船、海監船、漁政船，以千船齊發的態勢逼近當地海域，不惜與日本海上保安廳艦艇正面對抗。而日本海上保安廳則投入大量的巡邏艦艇，加強釣魚台海域的警戒任務。中日雙方在釣魚台議題上的爭執，隨著各方媒體的廣泛報導，不僅引起周邊國家的關注與美國的重視，也引發雙方國內民眾彼此的惡感，進而發展成經濟上的抵制行為。

　　當日中之間因釣魚台列嶼主權爭議而升高抗爭之際，台灣則以相對務實的態度，與日本政府簽訂〈台日漁業協定〉，解決長期以來台灣漁船在釣魚台附近海域捕魚所衍生的問題。而在日中關係部分，雖然日中雙方持續透過外交管道進行溝通，但釣魚台列嶼主權爭議，以及之後與此相關的日本「集體自衛權」解禁發展，導致日中關係至2015年底依舊沒有明確和緩的跡象。

第三節　歷史認識問題的形成背景

　　「日本歷史認識問題」是指1990年代以後，針對歷史教科書中的近代史觀點與解釋，日本國內以及日本與周邊國家之間所產生的爭論。在日本歷史教科書的近代史內容中，涉及到日本殖民歷史的評價、戰爭行為表述的方式，以及對整體戰爭行為的反省態度。由於日本文部科學省對於教科書檢定與採納，具有間接的影響力，使得歷史教科書的爭議內容，會被周邊國家視為日本政府的歷史認識。

　　日本歷史認識問題之所以會在1990年代之後出現爭議，並成為影響東亞區域情勢發展的重要變數，可從下列兩個面向進行分析與說明。

一、冷戰時期的東亞國家，缺乏歷史和解的環境

　　眾所周知，美蘇兩極對峙的冷戰體制成立後，日本、韓國、台灣與東南亞國家同屬美國的自由民主陣營，中國、北韓則為蘇聯共產主義陣營的成員。由韓戰所引起的東亞緊張局勢，讓日本成為美國在東亞地區圍堵共產主義最重要的盟國；而中國亦在1972年之後，為與美日攜手共同對抗蘇聯，刻意忽視敏感的歷史問題。這使得日本與周邊國家之間，雖然在歷史問題上有不同的見解，但不至成為影響彼此外交關係的「爭議」。冷戰結束後，原本受到抑制的日本歷史認識問題，開始躍上東亞國際關係的舞台。

二、日本國內意識形態鬥爭的激化

　　在國際冷戰的外在環境下，日本內部也形成意識形態鬥爭的「國內冷戰」情勢。日本的國內冷戰，主要表現在以保守陣營與革新陣營的鬥爭上。以社會黨、共產黨為主的革新陣營，主張社會主義、和平主義的優越性；而以自民黨為首的保守陣營，則是強調資本主義、國家主義的重要性。在歷史認識的問題上，左派的革新陣營主張，日本殖民、侵略戰爭、南京大屠殺等事件，教科書上應有客觀記載；右派的保守陣營則認為，必須淡化教科書中關於戰爭的黑暗描述部分。冷戰結束後，

在「日本可以說不」的風潮下，日本國內的右派保守陣營認為主流的歷史教科書過於壓抑，必須進一步加以批判與更正。

引發當代日本歷史教科書問題的關鍵事件，是由西尾幹二、藤岡信勝與杉原誠四郎等學者，於1990年代中期提出的「自由主義史觀」。上述學者在「新國族主義」（neo nationalism）的思維下，於1996年組成「新歷史教科書創作會」，批判過去以來的「自虐史觀」，強調必須以歷史認識建立日本人的自信。「新歷史教科書創作會」的設立宗旨，要為了擺脫二次世界大戰之後的「外國」影響，必須打破日本文部科學省規範的「近鄰諸國條項」，以自己的「自由意志」恢復「國史」的寫作。「創作會」的成員除了出版《從戰後歷史教科書裡被抹消的人們》、《教科書沒教的歷史》等一系列暢銷書籍之外，創作會本身也在2001年通過日本文部科學省的圖書檢定，委託扶桑社出版《新歷史教科書》。

《新歷史教科書》的內容著重「重新塑造國民歷史」，而在近代史的部分，不僅以「自衛」、「解放」的論述來美化當時日軍發起戰爭的原因與結果，也刻意避免使用「殖民」、「侵略」的詞語，同時淡化南京大屠殺、慰安婦的相關描述。對此，中國與韓國提出強烈抗議，並要求日本文部科學省就教科書中有爭議的43處內容，進行修改。日本文部科學省則是發表聲明，強調基於現行日本的審查制度，文部科學省無法就歷史認識做出價值判斷，只能夠交由作者來決定。中國與韓國的抗議，引起日本國內市場的注意；讓原本只有少數學校採用的《新歷史教科書》，以「市售版」的形式成為當時的暢銷書籍。

2005年，扶桑社的《新歷史教科書》進行再版，除了維持前版一貫的歷史主張之外，並在獨島（竹島）與釣魚台列嶼（尖閣諸島）領土議題上，強調日本國家的主權。領土主權爭議與歷史認識問題的結合，導致韓國與中國政府的強烈譴責，而中國與韓國民間亦出現大規模的反日示威。2014年，日本文部科學省在中學的歷史教科書編彙指南中主張，竹島（獨島）是被韓國不法占據；而尖閣諸島（釣魚台列嶼）則是由日本實際支配，不存在所有權爭議。日本基於國際法，有正當依據將上述島嶼劃入日本領土。日本的此一作為，再度激化緊繃的中日韓三國關係，直接影響東亞區域的政治與經貿發展。

第四節　歷史認識與日本的東亞外交

　　以日本爲核心行爲者的東亞近代史建構，在錯縱複雜的國際政治情勢下，二次戰後以來從未形成一個相互認同的「集體意象」。即便日本、中國與韓國等主要行爲者，傾向將歷史爭議作爲一種動員輿論、強化權力的手段和工具，但在冷戰的架構下，歷史爭議並未直接影響東亞各國之間的外交關係。然而，進入後冷戰時期之後，東亞地區存有歷史爭議的國家之間，透過對自我歷史的重新檢視而建構了新的國族認同，並反映在相互對立的外交政策上。

　　以日本爲例。日本政府對於歷史認識問題的態度與立場，經常受到國內保守派以及右派國族主義者的影響。當執政者（特別是自民黨籍的執政者）面臨國內挑戰之際，以歷史認識問題尋求強大的政治支持，是一個低成本的決策考量。而其具體的表現方式，就是參拜「靖國神社」。舉例來說，2001年就任日本首相的小泉純一郎，在推動體制改革之際面臨黨內的劇烈反彈。小泉純一郎首相選擇持續參拜靖國神社，透過自民黨保守派的支持來遂行其「構造改革」政策。

　　韓國也是如此。當日本小泉純一郎首相持續參拜靖國神社之際，韓國總統盧武鉉則是面對由主流精英以及保守派組成的強大反對黨陣營。爲了改變這種不利的政治局面，盧武鉉用強硬的態度回應了「參拜靖國神社」，以及由歷史認識所延伸出的歷史教科書與領土主權的議題，試圖透過對相關問題的強烈表態，讓自己成爲韓國政治的中心。

　　當代的日韓關係，就是在此一歷史認識問題的影響下，陷入衝突與爭議的螺旋之中。事實上，若在當代國際政治的分析面向上，日本與韓國之間具有形成緊密同盟的各項動機。以民主和平理論來看，日韓同屬民主國家，具有價值觀上的共同利益；從經濟互賴理論來看，日韓之間的緊密經貿往來，有助於進一步的政治合作；從聯盟理論來看，日美之間與韓美之間，具有緊密的同盟關係，這也形成日韓進一步軍事合作的共同基礎。然而，在現實的兩國關係中，因爲歷史爭議的存在，即使是在面臨北韓威脅的情況下，韓國也不願在軍事上與日本進行合作。而日本則是認爲，韓國政府在「歷史認識」上持續對日本的批評，只是尋求政黨與個人政治利益的慣用手法。而日本社會也在日韓關係持續交惡下，開始出現「厭韓論」。依據2012年日本內閣府的民意調查顯示，不喜歡韓國者占59.0%，首度超越喜歡韓國者的百分比。

　　在日中關係方面，與歷史認識有關的歷史教科書問題、靖國神社參拜問題以及領土主權紛爭問題，隨著中國國力的崛起與國族主義的蔓延，成爲左右當代日中關係的關鍵議題。身爲最主要受害國的中國認爲，日本必須眞正地、正確地對待近代的侵略歷史，才是解決歷史認識問題的唯一方法。而對日本來說，中國雖然是日本最重要的貿易出口國之一，但中國威脅論的興起，以及中國執拗地要求日本不斷地針對歷史道歉，讓日本國內的「反中情緒」快速增長。

　　有鑑於歷史認識問題對未來中、日、韓三國關係發展的重要性，在中國社會科學院近代史研究所的呼籲下，中日韓的學者專家組成「日中韓三國共通歷史教材委員會」，於2005年5月編纂發行《開創未來的歷史：東亞三國的近現代史》教科書。之後，日本國際問題研究所與中國社會科學院近代史研究所，也兩度召開「日中歷史共同研究委員會」，希望透過對史料的客觀認識，來增進日中之間的瞭解。雖然中日韓三國對於關鍵的歷史敘述，並未達成共識，但此一共同編纂歷史教科書，以及共同研究近代史的嘗試，也未東亞歷史認識問題開了一扇尋求解決方案的機會之窗。

重要名詞解釋

〈聯合國海洋法公約〉（**United Nations Convention on the Law of the Sea, UNCLOS**）：是指聯合國於1982年召開的海洋法會議之決議條文。公約由17部分320條和9個附件構成，內容涉及海洋法的各個主要方面，包括領海和毗連區、專屬經濟海域、大陸棚、公海、島嶼制度、爭端的解決等各項法律制度。對當代全球各地的領海主權爭端、海洋天然資源管理、污染處理等議題，具有原則指導和行動制約作用。

北方四島：北方四島是指位於日本北海道北方的齒舞群島、色丹島、澤捉島、國後島。蘇聯自二次世界大戰之後即實質管轄北方四島，但日本主張擁有北方四島的主權，並要求蘇聯（俄羅斯）歸還該島嶼。北方四島的領土爭議，除了與國家主權、國族主義直接相關之外，也涉及到日俄兩國實質的國家利益。因此，日俄雙方雖交涉多年，但始終沒有實質進展。

李承晚線（**Syngman Rhee Line**）：是韓國總統李承晚於1952年片面劃分的水域分界線，韓國稱之爲「和平線」。當時，韓國政府宣爲示海洋主權，以及確保韓國漁民的漁獲量，在未知會周邊國家的情況下，在中國、日本與韓國之間的東海及日本海公海

海域上，劃定一條禁止外籍漁船進入的排他性經濟海域界線。圍繞著「李承晚線」劃定的區域水域，日韓之間曾經發生多次衝突。1965年的〈日韓漁業協定〉簽訂後，「李承晚線」自動廢止。

「國族主義」（nationalism）：雖然經常與「民族主義」、「國民主義」或「國家主義」相提並論，但其所指涉的意涵不僅僅只限制在民族、國民或國家論述，而是一種結合政治體制、族群與國民認同的共同體概念。因此，國族主義通常用以指涉共同歷史、共同的文化遺產與共同語言框架下的產物，以及與政治合法性、政治疆界相關的論述。在資本主義快速發展的現代國際社會中，國族主義至少涵蓋下列三種要素，即民族特徵、現代化發展與心理認同。

近鄰諸國條項：1982年，日本電視台記者報導日本文部科學省在教科書審查時，要求高中歷史教科書必須把日本對中國華北的「侵略」改為「進出」。此一報導引發中、韓等國抗議，而衍生外交風波。之後，該報導雖被證明為「錯誤報導」，但日本文部科學省後來在〈教科書審定基準〉中，增加了以下的新規定：有關近鄰亞洲諸國間的近現代史記述，必須要考量到國際理解與國際協調的立場。此一條文被稱之為「近鄰諸國條項」。

靖國神社：前身為東京招魂社，於1869年設立，並於1879年改名為「靖國神社」，供奉自明治維新時代以來為日本戰死的士兵。由於性質上的特殊性，日本靖國神社由當時的日本軍部管理，而日本天皇都會定期參拜。二次世界大戰之後，靖國神社改組為非政府部門的宗教法人。1978年，靖國神社將遠東國際軍事法庭判決的14名甲級戰犯，列入神社合祭後，日本首相與其他政治人物的參拜行為，經常成為日本與周邊國家間的外交爭端議題。

問題與討論

一、影響近代日本領土疆域形成的重要戰爭有哪些？而其直接影響領土疆域包括些地區？

二、〈舊金山和約〉如何影響戰後日本的領土劃定？對周邊當事國家有何直接影響？

三、何謂北方四島問題？北方四島問題對當代日俄關係的影響為何？

四、「釣魚台列嶼」主權爭議，如何影響中日台關係？台灣扮演何種角色？

五、何以日本歷史認識問題會在1990年代之後演變成東亞地區的外交問題？

六、為何日本首相參拜靖國神社為引起周邊國家的不滿？為何在周邊國家強烈抗議的強

況下，日本首相依舊選擇參拜靖國神社？

參考閱讀書目

小倉和夫、小倉紀蔵編著（2014）。《日韓歴史認識問題とは何か》。京都：ミネルヴァ書房。

川島眞、松田康博（2009）。《日台関係史：1945-2008》。東京：東京大学出版会。

木村幹（2015）。《日韓関係の争点》。東京：藤原書店。

五百旗頭眞、下斗米伸夫編著（2015）。《日ロ関係史：パラレル・ヒストリーの挑戦》。東京：東京大学出版会。

矢吹晋（2015）。《尖閣問題の核心—日中関係はどうなる》。東京：花伝社。

岡田充（2015）。《尖閣諸島問題—領土ナショナリズムの魔力》。東京：蒼蒼社。

長谷川毅（2000）。《北方領土問題と日露関係》。東京：筑摩書房。

保阪正康、東郷和彦（2012）。《日本の領土問題北方四島、竹島、尖閣諸島》。東京：角川書店。

國家圖書館出版品預行編目資料

當代日本外交／吳明上等著. －－初版. －－
臺北市：五南, 2016.01
　　面；　公分
ISBN 978-957-11-8317-6（平裝）

1.日本史　2.外交史　3.當代史

731.4　　　　　　　　　　104017594

1PAK

當代日本外交

作　　者 ― 李世暉　吳明上（60.7）　楊鈞池　廖舜右
　　　　　　蔡東杰

發 行 人 ― 楊榮川

總 編 輯 ― 王翠華

主　　編 ― 劉靜芬

責任編輯 ― 吳肇恩　許珍珍　李孝怡

封面設計 ― P. Design視覺企劃

出 版 者 ― 五南圖書出版股份有限公司

地　　址：106台北市大安區和平東路二段339號4樓

電　　話：(02)2705-5066　　傳　　真：(02)2706-6100

網　　址：http://www.wunan.com.tw

電子郵件：wunan@wunan.com.tw

劃撥帳號：01068953

戶　　名：五南圖書出版股份有限公司

法律顧問　林勝安律師事務所　林勝安律師

出版日期　2016年1月初版一刷

定　　價　新臺幣280元